NONFICTION
論創ノンフィクション
011

クルドの夢　ペルーの家

日本に暮らす難民・移民と入管制度

乾　英理子

論創社

はじめに

「日本に暮らす外国人」と聞くと、どんな人を想像するだろうか。外国人店員がコンビニやスーパーのレジに立つ風景は、今や日本の日常となった。一方で、彼らの生まれはどこで、なぜ日本に来たのか、家族はいるのか。目前の「人間」に思いを巡らす機会はあまりないかもしれない。

在留外国人、二八八万五九〇四人（二〇二〇年六月末時点、出入国在留管理庁）。一九八〇年代以降、調理師やエンターテイナーなどの専門職につく外国人に加え、「定住者」の日系南米人が増加。その後、東南アジアとの経済連携協定（EPA）で来日したベトナム人が介護職を担い、農場や工場に「技能実習生」が働くようになった。今や外国人の存在なしに私たちの暮らしは成り立たない。

働く資格がない外国人もいる。非正規滞在者として暮らし、日本で教育を受けたり、子を産み育てたりしているケースもある。

世界では、国境を越えて移住し長年たつ人々のことを「移民」と呼ぶ。母国を脱した事情が人種・政治的意見などによる迫害に基づく場合は「難民」だ。近年どちらも、多くの国で大きなイシューとして議論されているが、日本はどうか。

日本では、移民の正確な定義はない。安倍晋三前首相は国会で「移民政策はとらない」と答弁し、難民認定率は五年連続で一％以下。移民も難民も、日本が正面から向き合い積極的に受け入れを検討してきたとは言えない。

私がＮＨＫに入局して五年目の二〇一五年。配属先のある静岡県は、製造業の街で日系南米人が多く暮らしていた。日本人である一世とのつながりを頼りに来日し、ふたつの祖国のあいだで揺れながら生きる姿は「移民」そのものだった。

一方で、その後、難民申請をしながら日本に暮らす人々にも出会った。彼ら彼女らが働くことも医療を受けることもできず、ときに家族を引き離される現状に直面した。どうしてこんなことが起きるのか、取材を続け番組を制作した。

本書は、私が取材したふたつの家族を通して、日本の移民・難民の現実を記すものだ。

ひとつは、〝クルド難民〟のバリバイ一家。トルコの村で迫害を受け日本に逃れたが、日本では難民として認定されなかった。在留資格が得られず、不安定な立場で一二年暮らす。彼らの日々から、日本の難民認定の現状、入管施設の長期収容、それらが家族にもたらしたものについて記録する。（ＥＴＶ特集「バリバイ一家の願い～〝クルド難民〟家族の12年～」二〇一九年六月二二日放送）

もうひとつは、静岡県磐田市の団地に暮らす日系ペルー人の家族だ。マリアさんは日系三世、「夢を実現出来る国、日本」へ出稼ぎにやってきた。息子の朝彦《あさひこ》は日本生まれだが学校では「ガイジン」と蔑まれ、派遣の職を転々としこの国での居場所を探る。家族の背景にある入管法改正の歴史と、静岡文化芸術大学によるアンケート調査が浮かび上がらせた日本人と外国人の共生の一コマを記す。（ＥＴＶ特集「わたしのＣａｓａ～〝日系南米人〟団地物語～」二〇一六年一一月一六日放送）

私が出会ったのは、文化や風習の違いはあるものの、子を思う親であり夢を抱く若者であった。しかし彼らの前には、外国人を「短期的に活用できる労働力」としてしかみてこなかった日本の制度が立ちはだかり、その尊厳はたやすく傷つけられている。

移民や難民といっても、縁遠い存在にしか思えないかもしれない。外国人の現状なんて考えなくても日々を過ごすことはできるし、もっと身近なところにも課題は山積だ。

しかし「知らない」ことは、「黙認」や「存在否定」と地続きだ。生きる権利は誰もが持ち得ているもの。それが踏みにじられている現状を知り思いを馳せることは、同じ社会を生きる者同士の約束のように思う。

今回、私は難民の番組放送後、声をかけていただき書籍化の機会を得た。描くてもいいいからと筆をとることに決めたのには理由がある。

取材中にあるクルド人男性に言われた言葉が、忘れられないからだ。彼は入管施設に収容され、一年以上妻や子どもたちと触れ合うことができずにいた。本人も家族も心が壊れる寸前。男性は、面会室のガラス越しに私の目をまっすぐ見ながら言った。

「ジャーナリストはいったい、何をしているのか」

声は怒りに震えていた。「俺は面会に来る何人ものジャーナリストに話をしてきたが、何も変わらない。日本人は、誰も俺たちの現状を知らない。何もできないなら、来るな」

彼の絶望と、背景にある構造と、社会の無関心。この現状に荷担しているのは、自分たちメディアの人間だと突きつけられた。

番組や報道が世の中を変えられるなんて傲慢な気持ちはないが、伝えることの力をあきらめたくない。高尚な正義感というよりも、見て見ぬふりをする自分を受け入れられなかったのだと思う。あのとき突き刺さった言葉の片鱗は、今も胸の隅に残っている。

自戒の念を込めて。本書が、日本に暮らす外国人がどんな「人間」なのか、どんな壁と向き合っているのかを知り、思いを馳せるきっかけになればと願う。

クルドの夢　ペルーの家　目次

第一部　「難民」と収容

第一章　〝クルド難民〟バリバイ一家

1　収容所で出会ったひとりの青年

日本にふたつ――外国人収容所

日本に、外国人の収容所がある。初めてそれを知ったとき「まさか、戦時中じゃあるまいし」と驚いたのを覚えている。

第二次世界大戦中、アメリカやハワイ、ペルーなどに暮らす多くの日系人が強制収容所に入れられた。戦争相手国の国民は「敵性外国人」と呼ばれ、軍の監視下に置かれ、住居の強制立ち退きなど制限ある暮らしを強いられた。そんな場所があったことは、歴史の知識としては知っていた。

それが二〇一〇年代も後半の日本に「外国人収容所」？

収容所というからには、刑務所ではない。では、何のために「収容」する場所なのか。名前だけではイメージがわかなかった。

法務省のホームページで調べると、正式名称は「入国者収容所」だとわかった。法務省の出入国在留管理庁（旧称は入国管理局。以下、入管）の管轄で、茨城県牛久《うしく》市と長崎県大村市にある。収容所は、出入国管理及び難民認定法（以下、入管法）に違反した場合など、強制送還を告げられた外国人を母国へ送還するまでのあいだ、留めておくための施設だ。このふたつの収容所と、東京や大阪などにある地方入管局の収容場で、合計およそ一〇〇〇人から一四〇〇人の外国人が収容されている。

牛久市にある東日本入国管理センターは、JR牛久駅から一日に五本のバスで二〇分。鬱《うっ》蒼《そう》とした緑のなかにあらわれる。外観を見るかぎりでは、外国人が収容されている場所とはわからない。看板には「牛久法務総合庁舎」と書かれているだけだ。

センターの収容棟には、原則、職員以外は入ることはできない。来訪者は受付をすれば「収容者」と面会できるが、施設について開示されている情報は乏しく、内部の撮影は禁止されている。メディアの取材も少ないため、その実態はブラックボックスとなっていた。

一方で、過去の収容経験者の数少ない手記や報道で伝わってくるのは、「職員に暴行を受けた」「差別的な発言をされた」「理由もなく収容された」など、耳を疑うような悪い話ばかり。何が起きているのか。自分の目と耳で確かめたいと思った。

茨城県内のとある大通り沿い、楓《かえで》やハナミズキの木々に囲まれた小さなカフェ「啄木鳥《きつつき》」。二〇一七年秋、私はこの店に、収容所をよく知る人物を訪ねた。店を切り盛りしている田中《たなか》喜美子《きみこ》さんだ。二〇年以上前から、休店日の水曜日に車で一時間かけて牛久市の収容所に通い、ボランティアで収容者への面会活動をおこなっている。六名の仲間と共に「牛久入管収容所問題を考える会」という団体を立ち上げ、日用品の差し入れや収容が解かれたときのサポートもしている。

店内でコーヒーを淹《い》れてもらいながら、収容されている人々の現状について私が聞くと、田中さんはびっしりと書き込まれた面会記録のファイルを手に、話してくれた。

「この人はパキスタン人で本当に賢い人でね、故郷の楽器の演奏がとても上手なの。毎週のように面会していたのはこのクルド人。収容所から出たあとに結婚パーティーにも呼んでくれてね」

田中さんがこれまで面会した人は二〇〇〇人以上になる。収容所の閉鎖的な生活のなか、定期的に話し相手になってくれる田中さんは、収容された人々にとっては特別な存在なのだろう。田中さんに心を開いていることは、すぐにわかった。

収容された事情は、人それぞれ。観光目的で来日し、滞在期限を過ぎてオーバーステイとなった人、故郷を逃れて日本で難民申請をしたが認められなかった人、犯罪に関わり刑務所で刑期を終えて収容所に送られてきた人。誰もが日本での在留資格を失い、母国への送還を法務省に通告されている身だ。日本に家族がいる人も少なくない。その多くが、孤独や送還への恐怖を田中さんに語るという。

「収容されて、三年になる人もいる。最近は、特にひどい」

田中さんが憤慨していたのは、収容期間の長さだ。誰しも罪を犯したのであれば、それを償う必要はある。しかし、そこには刑期があり、刑務所にいる期間は限られている。ところが収容所にいる人々は犯罪者ではないのに、一年も二年も身を拘束されている。そして、長期収容者は年々増えているという。

私は驚いた。送還におびえ家族にも会えず、何年も収容されている外国人が、今この瞬間、日本にいる。番組として企画する以前に、その実態を知りたいと思い、私はひとりで田中さんの面会活動に同行することにした。

「二〇一七年が一日もない」青年

収容所のひとつ、東日本入国管理センターの受付に着く。田中さんは、慣れた様子で面会相手の名前を伝え、洗剤と外国語のインターネットニュース記事を差し入れたいと申請する。

対応する入管職員となごやかにあいさつや世間話をしている。

面会の待合室には、独特の雰囲気が流れる。田中さんのような面会ボランティアの日本人は、情報交換をしている。夫が収容されているという黒人女性は、悲壮な表情だ。キリスト教の教会関係者たちが大量の差し入れを運び込む。裁判中の収容者に会いに来た弁護士や在日外国人について学んでいるという学生もいる。幼い子どもが来ることもあるのだろう、待合室の一角にはぬいぐるみやおもちゃが並んでいた。

しばらく待つと職員に整理番号を呼ばれ、手荷物をすべてロッカーに預けるよう指示された。ペンとノートだけ所持が許されたうえで、面会室に通された。室内はパイプ椅子がぎりぎり三脚並ぶくらいの広さで、収容者とはガラス越しに話す。白い壁に覆われ、刑務所の接見とほとんど変わらない。

面会は、ひとりにつき三〇分。田中さんは、午前も午後も会えるだけの人数を受付に申請していた。面会室に入るたびに、ガラスの向こうの扉から暗い表情をした外国人がやってきて、田中さんと話しては去っていった。会話はすべて日本語で、「元気？」とか「家族はどうしてる」とか。ときには笑顔を見せる人もいれば、体調不良を訴える人もいた。初対面の私を前に、自分のことを話したがらない人も少なくなかった。

その日、最後に入ってきたのは、グレーのジャージ姿で彫りの深い男性だった。「久しぶり！ 元気？」と田中さんが声をかけると、男性は「元気じゃないよ」と答える。田中さんが明るくほほえむと、男性も困ったように笑い返してきた。

彼の名はバリバイ・ウェラットさん。トルコ出身のクルド人で、一二歳のときに両親に連れられて来日したという。その直後から知人を通じて田中さんと知り合い、田中さんのことを「日本のお母さんだと思ってる」と笑った。日本の中学校に通っていたため、日本語は堪能だ。

ウェラットさんは、母国トルコで迫害に遭って、家族で日本に逃れてきた。難民申請したが認められず、在留資格を失ってトルコへ帰るよう迫られた。帰国を拒否すると収容され、収容所での日々は一年半を超えていた。

「僕には、二〇一七年が一日もないんだ。ずっとここにいる。なぜこんなに長く収容されているのか、わからない」

二三歳の若者の一年間が、真っ白な壁のなかで過ぎていく。息が詰まるような日々だということは、安易に想像ができた。幼い頃から過ごした日本で、突然社会から遮断され、彼は精神的に追い込まれていた。

「トルコには帰るに帰れない。お母さんも兄弟も日本にいるんだ。会いたいよ。いつここから出られるのか、考えてもわからなくて、おかしくなりそうだ」

ウェラットさんの部屋は、ペルー人とネパール人とイラン人との四人部屋で、日本語で会話しているという。日本語が堪能なウェラットさんは、来日して日が浅い外国人たちに日本語を教えたり、入管職員への通訳もしていた。部屋では、互いのふるさとのことや日本に来たいきさつなど身の上話をして過ごしている。そして、「いつ出られるのか」という不安にいつもさいなまれているようだった。

一年半ほどの閉鎖的な生活と先の見えない不安は、ウェラットさんの身体をむしばんでいた。胃痛や歯痛をたびたび起こしたが、所内の医師に診察を受けるまで、入管職員に申出書を渡してから二週間以上待たされたという。理由はわからないが、ほかの人も同じように待たされた。隣室のベトナム人は、次第に病状を悪化させていき、見ているのがつらかったとウェラットさんが話してくれた。

三〇分間の面会は、あっという間に過ぎていく。私は最後に、ウェラットさんが今もっともつらいことは何かと聞くと、意外な答えが返ってきた。

「ここでは何も聞いてくれない。夢も聞いてもらえないんだ。トルコになぜ帰れないのか。日本でどう生きていきたいか。そういうコミュニケーションすらとってもらえない」

その言葉には「人間として扱ってほしい」という痛切な思いがにじみ出ていた。

時間がくると入管職員があらわれ、ウェラットさんはドアの向こうに消えていった。田中さんはため息をついて言った。

「これは日本のシステムの問題なのよ」

ウェラットさんは、自分はクルド人であり、日本に難民申請をしていて、母国には「帰るに帰れない」と言っていた。

彼は、なぜ収容され続けているのか。いつまで収容され、これからどうなるのか。田中さんの言う「日本のシステムの問題」という言葉の意味……。取材を進めていくと、これまで知らなかった日本という国のひとつの側面が見えてきた。

国なき民——クルド人とは

桜のつぼみが膨らみ始める頃。

埼玉の公園に、赤や青、緑といった鮮やかな伝統衣装に身を包んだ人々が続々と集まってくる。彼ら彼女らはみな、クルド人だ。数百人が手をつないで輪となり、スピーカーから流れる音楽に合わせてステップを踏みながら身体を揺らす。

クルド人の新年を祝う祭り「ネウロズ（Newroz）」。「新しい日」を意味するこの祭りは二六〇〇年前に起源を持ち、暴君の圧政に立ち向かった若者の物語がいわれとされる。毎年春分の日前後に、世界中のクルド人が各地で自由と解放を願い、歌って踊る。日本でも一〇年以上前から在日クルド人たちが埼玉県内で開催し、普通の公園が、その日は異国そのものの雰囲気に包まれる。

ステージの上に立った日本クルド文化協会のチョーラク・ワッカスさんが、クルド語でスピーチをおこなった。

「ネウロズ、おめでとうございます。クルド人は、日本にいようとも世界のさまざまな国にいようとも、クルド人であることに変わりはありません。われわれは、自分たちの血を流して守った土地を守り続けます。（中略）われわれは、自分たちの土地で、存分に生きることを望んでいます。自分たちの言葉でおこなわれる教育システムを求め、われわれのテレビ放送のある暮らしを望みます。近隣の民族と調和した関係を保ちつつ、平和に暮らすことを望んでいます。われわれは、ほかの民族の土地を占領したり戦ったり、ほかの民族を殺したいとは思っていません。われわれが望んでいるのは、自分たちの土地を守ること。それだけです」

クルド人は、国家を持たない民族だ。もともと山岳民族で、独自の言葉と文化を持つ。トルコ・イラン・イラク・シリアなど中東地域に渡り、二〇〇〇万～三〇〇〇万人ほどいるとされるが正確な調査はない。現在は、都市部に暮らす人もいるが、いまだに山岳地帯で遊牧生活を営む人々もいる。山では、夏は羊・ヤギと暮らしてヨーグルトやチーズを売ったり畑を耕したり、冬はカーペットや靴などの手芸品を売って生計を立てる。

クルド人に関する歴史上最古の記述は、紀元前四〇〇年頃のものといわれる。紀元前一九〇年頃には独立した時期があった。その後、ローマ帝国やペルシャ王国、アルメニアが統治し、七世紀以降はイスラム王朝が支配したことでイスラム化が進んだ。一六世紀以降には、彼らの土地の多くがオスマン帝国の支配下に置かれた。だが、独自の言語と文化は尊重され、高い戦闘技術から兵として重宝された。

第一次世界大戦では、クルド人はオスマン帝国の騎馬部隊として参戦したが敗北。一九一六年のサイクス・ピコ協定を元にした戦後処理案、セーブル条約（一九二〇年）にてクルド人居住地域の確立が約束されたが、一九二三年にトルコ共和国が成立すると状況は一変。約束は反故にされた。地域に暮らすクルド人は「使用言語はトルコ語のみとする」など同化政策を強いられ、「山岳トルコ人」と呼ばれ、存在を否定された。

第二次世界大戦後、イラン北部で一時期はクルディスタン国家を建国。自由を謳歌《おうか》したが、一年もたたずに滅亡している。

一九七〇年代は、トルコに住むクルド人にとっての争いの時代となった。トルコで進められた同化政策に対抗する運動が盛んとなり、クルド人の権利を守りつつ独立を主張する組織であるクルディスタン労働者党（ＰＫＫ）が誕生した。一九八四年にはＰＫＫが政府に対抗して、武装闘争を開始。するとトルコ政府はＰＫＫをテロ組織に指定し、掃討作戦を繰り広げるなど、対立は激化した。二〇〇〇年代に入ると、トルコはＥＵへの加盟を目指して民主化を進める。制限付きだが、クルド語での放送や教育を解禁する融和政策をとった。しかし、その後はイスラム国（ＩＳ）の台頭などを背景にエルドアン大統領が「テロリストの壊滅を」と呼びかけ、ＰＫＫなどの一部クルド勢力と対立を続けた。

現在、世界に何千万と散らばるクルド人のなかには、民族独立の思想を持たない人や都市で不自由なく暮らす人もおり、十把《じゅっぱ》一絡《ひとから》げに語ることはできない。とはいえ、いずれにしても国家という後ろ盾《だて》を持たない彼らには、暮らしを守るためにみずからの拳を振り上げてきたというルーツがある。

埼玉に集住する在日クルド人

歴史を振り返ると日本とは縁遠いように思えるクルド人だが、今の日本でも彼らは暮らしている。その数は、およそ三〇〇〇人といわれる（日本クルド文化協会による）。公的な調査がおこなわれていないので、実際には何人いるのかわからない。国や自治体による外国人の調査では、国籍による分類がなされており、クルド人はトルコ人やシリア人にカウントされる。

よって、国を持たない彼らの存在は見えにくい。

宗教も文化も違う日本にトルコからクルド人が多く集まったのは、日本とトルコが友好関係にあるからだ。日本は、戦後になってからトルコと経済的に協力関係にあり、文化交流もおこなわれ、ビザ免除措置をとっている。私たち日本人は、事前にビザを取得しなくてもトルコに入国でき、トルコから来日する人も事前にビザを取得する必要がない。

日本に暮らす三〇〇〇人のうち、一〇〇〇人以上が関東近郊に暮らしているという。なかでも多いのが埼玉県川口市だ。

川口市は、東京都新宿区、東京都江戸川区に次いで全国で三番目に在留外国人の多い自治体である。市内に住む外国人は三万九二七〇人で、市内人口のおよそ六％（二〇二〇年六月時点）を占める。

外国人が多い理由は、ものづくりとして栄えた市の歴史にある。川口市は、江戸時代から鋳物《いもの》産業が栄え、終戦直後には鋳物生産額が全国の三分の一を占めた。溶解炉が林立する象徴的な風景は、吉永小百合《よしながさゆり》主演の映画『キューポラのある街』で有名になった。鋳物の中小企業では、全国に先駆けて一九八〇年代から外国人労働者の受け入れを始めている。当初は韓国籍や中国籍の人々、そして技能実習制度が導入されるとベトナム国籍などの人々が来日し、川口市は多国籍タウンとなっていった。

現在、川口市の在留外国人で中国・フィリピン・韓国・朝鮮・ベトナムに次いで多いのが、トルコ国籍の人々だ（二〇二〇年一月時点）。このトルコ国籍の人々のなかに、トルコ出身のクルド人が多く含まれているとみられる。実際、ＪＲ蕨《わらび》駅近くを歩くと、コンビニやスーパーで中東系の顔立ちをした人々とすれ違い、ケバブのレストランや中東料理の食品店を見つけることができる。

2 「難民」になれない

村は「地球のにおいがした」

私が収容所で面会したバリバイ・ウェラットさんも、トルコ出身のクルド人だ。川口市内のアパートに、家族と暮らしていた。二〇一八年五月、私はウェラットさんから聞いた住所を頼りに、家族を訪ねた。

私がインターホンを鳴らすと、花柄のスカーフを頭に巻いた母のヌリエさんがドアを開けてくれた。奥の部屋には大きな布が敷かれていて、そこに長男のワッカスさん、次男のエル

〝クルド難民〟のバリバイ一家。一番左が取材時に収容されていたウェラットさん

ジャンさん、三男のマズラムさん、次女のスザンさんが車座になっていた。

ウェラットさんは四男にあたり、五男にあたる九歳の弟がいることもわかった。ウェラットさんは独身だが、二〇〜三〇代の兄や姉たちは結婚して子どもを育てており、日本での生活がずいぶんと根付いているように感じられた。

家族がまとっていた雰囲気を、今も忘れることはできない。全員が二年近くも帰ってこないウェラットさんを思い、悲しみと怒りと失望と疲労の混じった目をしていた。

ヌリエさんに声をかけると、日本語のわからない彼女に代わって、息子たちが通訳をしてくれた。

「自分の息子、家に帰ってきてほしいの。

私の息子、何もしてない」

息子のひとりがこう付けくわえる。

「ママももう年だから、いっぱいがまんできないんですよ」

五三歳だというヌリエさんは、愛する息子が収容されたことで強いストレスにさらされて体調も優れないようだった。


キッチンに立っていた次女のスザンさんが、真っ赤な色のお茶を淹れてくれる。砂糖を溶かして飲むのだと教えてくれた。トルコに住むクルド人の家庭の味だ。熱々でほんのり甘いお茶を飲みながら、スザンさんが日本語でこう言った。

「日本に来ても、トルコと同じ、戦争になってるみたい。私、心、同じだよ」

来日したのは一二年も前だという。何から聞いていいのか迷っていると、家族が来日した経緯を話してくれた。

家族が暮らしていたのは、トルコ南東部ガジアンテップ県にある小さなクルド人集落だった。父ムスタファさんは左官などの建設業をしながら羊を飼い、畑でキュウリやトマトを育てて自然と共に暮らしていた。子どもたちも協力してヨーグルトやチーズを作り、街に売りに行ったことを覚えているという。

「きれいなところでした。地球のにおいがしました。村に入るとその土地のにおいがしました」

母のヌリエさんはそう言いながら、懐かしそうに故郷で撮った家族写真を見せてくれた。樹の下で、穏やかな表情を浮かべる両親のかたわら、幼い子どもたちがじゃれ合っている。

ムスタファさんは、クルド人としての民族意識を強く持っていた。街で親クルド政党のチラシを配ったり、息子たちにクルド民族の歴史を語ったりしていたという。そして一九八〇年代以降、政府とクルド人勢力が対立するようになると、ムスタファさんたちの周辺にも争いの影が忍び寄ってくる。

一九九九年の一〇月下旬、村は憲兵に襲われた。政府と対立していたPKKをムスタファさんが支援したとの理由で、家を荒らされ、ムスタファさんを含む村人四人が逮捕された。

ムスタファさんは拘束された際、電気ショックを受けるなどの拷問を受けたという。翌年以降もたびたび憲兵から家宅捜索を受け、ときにヌリエさんも殴られて連行され、娘のスザンさんを拘留中に出産する羽目になった。

一連の出来事は、家族に大きなダメージを与えた。逮捕された父は、証拠不十分で無罪となったが、拷問のショックで精神疾患を発症した。幼かった子どもたちが、目前で繰り広げられた暴力の数々に、どれほど心を痛めたかは計り知れない。

家族の危機を感じたヌリエさんは、住み慣れた村を離れることを決意した。

「軍の拷問から逃げたかったんです。逃げなければ、子どもが殺されると思いました」

一家が目指したのは、日本。クルド人の親戚がいたうえに、「とても安全で、拷問も兵役義務もない国だと聞いたから」選んだという。長女はすでに別の地域へ嫁いでおり、長男が先に日本へ渡った。ヌリエさんたちは長男の仕送りで生活していたが、憲兵が再び次男を拘束するなどしたため、ヌリエさんと夫は二〇〇七年になってから、残り四人の子どもを連れて故郷をあとにした。

難民として認められず一二年

彼らの怒濤《どとう》の家族史は、一度や二度会っただけでは把握できず、私はたびたびバリバイ一家を訪ねた。

ヌリエさんと娘のスザンさんは、よく「カトマジャ」と呼ばれるパンを作っていた。カトマジャはクルドの郷土料理で、小麦粉と水を練って伸ばした薄いパンのことだ。スパイシーに炒めた野菜やチーズをはさんで食べる。ヌリエさんが延べ棒で生地を手際よく伸ばし、スザンさんがそれをホットプレートで次々に焼いていく姿に見入っていると、スザンさんが照れくさそうに言った。

「トルコみたいじゃないから、家のなかでやってるから、少し違う。家のなかじゃない、外で火をあててやってたんだけど」

故郷では、庭先でそれぞれの家庭の味を焼き上げるのが女たちの仕事だったという。アパートの一室で、遠く離れた彼女らの故郷の風景がかすかに見えるような気がした。

のどかな村をあとにした一家は、日本の成田空港に上陸してすぐ「母国を逃れてきた難民だ」と訴えた。数日かけて入国審査官による聞き取りがおこなわれたが、上陸は許可されなかった。

外国人が日本で暮らすためには、在留資格が必要だ。在留資格は、大きくふたつに分けられる。ひとつ目は、身分や地位に基づくもの。日本人と結婚した「日本人の配偶者等」や、永住許可を受けた「永住者」などだ。これには活動制限がない。もうひとつは、活動内容に基づくものだ。仕事をすることによって滞在が認められるものが一九種類あり、たとえば「経営・管理」なら会社経営を、「教育」なら語学教師として働くことで在留が許可される。仕事以外にも「文化活動」「短期滞在」「留学」、個別に就労の可否が指定される「特定活動」などがある。

しかし、国を逃れてきた一家には、そんな特別な身分や専門的な職を得られるめどは立っていなかった。よって、正規の在留資格を得られなかった。そのまま居続けることは、いわゆる「不法滞在」にあたる。入管は、一家に母国へ帰るようにうながした。

一方、ヌリエさんたちは帰国したくない。「帰ったら殺される」と思っているのだから。もし、「逮捕されたり命を奪われたりすることはない」と入管に説得されても、もうあんな怖い思いをしたくない。安心できる場所で人生をやり直したいし、子どもの生活を守りたい。そう強く思ったのだろう。一家は帰国を拒み、難民申請をおこなった。

法務省が難民として認めるかどうかには審査が必要で、数カ月から数年の時間がかかる。結果が出るまでのあいだ、ヌリエさんとウェラットさんら幼かった子どもたちは、仮滞在という一時的な許可を得て埼玉県川口市で暮らすことになった。

だが、結局は家族のうち、誰ひとりとして難民認定されなかった。知り合いをたどって弁護士に相談し、異議申し立ての裁判をおこなったが、結果は同じだった。何度も申請を繰り返したものの、一二年経っても正規の在留資格を得られずにいる。

ヌリエさんは厳しい現状に、疲れ切っているようだった。

「クルド人には戻る場所がないんです。クルド人は行き場も人権もないから、私たちは亡命しています。母親として家族を守るために、日本に助けを求めています。この状況を変えてください」

そもそも難民とは、どんな人たちのことをいうのか。一般的には広く国を逃れた人々のことを指すが、難民条約（「難民の地位に関する一九五一年の条約」と「難民の地位に関する一九六七年の議定書」を合わせたもの）には「人種、宗教、国籍もしくは特定の社会的集団の構成員であることまたは政治的意見を理由に迫害を受けるおそれがあるという十分に理由のある恐怖を有するために、国籍国の外にいる者であって、その国籍国の保護を受けられない者またはそのような恐怖を有するためにその国籍国の保護を受けることを望まない者」と定義されている。これは国際的な基準のひとつであって、この文言をどう解釈し、当人が「難民」に該当するかどうかは、各国に判断が任されている。

なぜバリバイ一家の人々は認定されなかったのだろう。私は、裁判で弁護を担当した大橋《おおはし》毅《つよし》弁護士に話を聞こうと思い、電話でアポイントをとった。

大橋弁護士は、二〇年以上クルド難民の裁判を担当し、クルド難民弁護団の代表を務めている。バリバイ一家の裁判について、今どう思っているのか。まずは率直に聞くつもりだった。多くのクルド人との付き合いのなか、バリバイ一家のような一〇年以上前のケースについて、突然の取材には限界があるだろう。そう考えながら、あまり期待せずに電話をかけた。母国で迫害に遭った人への取材は、プライバシー保護の観点から、難色を示す弁護士が多い。なんの情報も得られない可能性も大いにあった。すると意外にも、大橋弁護士は電話の向こうできっぱりと言った。

「ほかの先進国だったら、あの人たちは難民と認定されているだろうと僕は信じています」

その言葉を聞いて、私はすぐに「直接会って話を聞かせてもらえませんか」と頼んだ。きっと聞かなければならない話がある。直感的にそう感じていた。

“迫害”は本当にあったのか——認定されない理由①

後日、東京・池袋の小さな事務所で、大量の資料に囲まれながら、大橋さんは語り始めた。

「もう長い話になってしまったんでね、どの時点の話をしたらいいのかわからないんだけど」

そう言って大橋さんは、トルコの地方新聞を取り出した。一九九九年のその記事には「ムスタファ・バリバイ」の文字があった。

「翻訳によると、『PKKを支援したとの理由で軍隊の派遣によって拘留された』とあります」

記事には、ムスタファさんが三人の村人と共に逮捕されたとあり、家族が話していたことと一致していた。大橋さんは当時、ムスタファさんの事情を知るため現地へ渡り、新聞記事や逮捕時の資料を入手したり、共に拘束された人たちに話を聞いたり、人権団体にクルド人の状況を問い合わせたりと奔走した。

それによると、二〇〇〇年、ムスタファさんはPKKへ食料を提供しているとして地方裁判所で起訴されたが、証拠不十分で無罪となっていた。一家は、無罪にもかかわらず憲兵から暴力を受け続けていたことになる。

この家族はトルコへ帰国してはいけない「難民」ではないだろうか――その後、ムスタファさんだけでなく、長男のワッカスさんや次男のエルジャンさんらを原告として、強制退去の通告や難民の不認定を取り消すよう入管に求める裁判を、何年もかけて大橋さんはおこなった。しかし、それらの請求はすべて棄却された。

家族は、どのような論拠で難民と認められなかったのか。その一端を示す裁判（二〇〇九－二〇一一年）の資料を大橋さんが見せてくれた。

資料によると、まずトルコにおいて当時クルド人への迫害はあったのかという点で、大橋さんらと入管とでは、まったく異なる趣旨が述べられていた。数多くの論点が複雑に絡み合っているものの、一部を要約する。

〈大橋弁護士らの主張〉

・トルコではクルド民族への厳しい差別があり、独自の文化や集会を禁ずる政策がとられている。

・軍や警察は、クルド民族の分離独立を主張する活動をする者と見なすと、拷問や暴行をおこない、抑圧・迫害が続いている。

・トルコ社会は民主的なクルド人文化を受容しており、トルコにおいてクルド人が一般的に迫害を受けているというような状況は存在しない。

・反政府武装集団であるPKKと何らかの関係があるとの疑いがある者を対象に、調査や取り調べがおこなわれたりしても、それは迫害とはいえない。

〈入管の主張〉

「クルド民族への迫害」について、大橋さんらは「あった」と言い、入管は「なかった」と言う。もちろん、どちらも根拠なく主張しているのではない。

入管は、一九九一年のクルド語解禁や憲法改正などEU加盟を目指し民主化を進めていたトルコ政府の政策や、クルド系住民が社会進出している事実を提示し、当時迫害は存在していなかったと解釈した。くわえて、トルコの治安当局が「国を脅かすような組織」とするPKKの調査をおこなうことは「責務」であり、たとえムスタファさんが厳しい取り調べを受けたとしても、それは迫害にはあたらないとした。

一方、大橋さんは、家族らの証言にくわえ、複数の移民委員会や難民委員会、人権団体などの調査報告書を元に、二〇〇〇年代に入ってもトルコ南東部では、人権を蹂躙するような破壊行為がおこなわれた地域があったと主張した。当時、トルコ政府は、EU加盟に向けて人権状況の改善に向けた努力をしていたが、すべての地域で行き届いていたわけではなく、また軍や警察などが政府方針に従ったとは限らず、クルド人への迫害は続いていると述べたのだ。

結局、東京地裁はクルド人迫害の有無について、「クルド人が歴史的にトルコ人から差別を受け、(中略) 治安部隊による行きすぎた暴力事犯もしばしば生起し、これに対して十分な処罰がされずにきたという経緯がある」としたうえで、一九九〇年代に入り、「トルコにおけるクルド人は、クルド人であることのみを理由に迫害を受けるおそれがあるといえなくなっていた」とし、「迫害の恐怖を抱くような客観的な事情が存在するとは認めることができず、(中略) 個別的事情を精査した上で、個別具体的に検討することが必要」と判断した。

拷問された証拠がない——認定されない理由②

では、その精査すべき「個別的事情」についてはどうだったのか。

「結果的には、だめでした。もちろん法務省は、難民と認定しないし、裁判所も認めてくれなかった」

大橋さんは無念そうに言葉を絞り出した。

「ムスタファさんが、トルコで拘束され、裁判を受けたことは認めると。しかし、そういう拷問などに関しては『証拠がない』と。拷問を受けた証拠がないから認定できない、と」

大橋さんは、トルコでムスタファさんと一緒に拘束された三人にも会っていた。ひとりは奥歯が折れ、ひとりは睾丸《こうがん》がなくなっていたという。どちらも暴行によるものと考えられる。ムスタファさんは連行されたあと、精神を病んでいた。来日してから精神科でもらった診断書には、PTSD（心的外傷後ストレス障害）の文字があった。

これらの証言や資料を携えてもなお、ムスタファさんには「拷問を受けた証拠がない」とされた。

「いやぁ、拷問を受けた証拠って、なかなか難しいんですけどね。軍隊が村を包囲して村人に暴行してるのを、誰かがカメラで撮ってたとして、それを軍人が『撮影してもいいよ。それをあとで日本に持っていってもいいよ』なんて、言わないんですけどねぇ。どういう方法で、実証しろっていうのか」

長男のワッカスさんについても、法務省や裁判所の見方は厳しいものだった。村が何度も襲われ、父が再び連行されそうになったとき、ほかの村人たちと抵抗したことが、認定には不利に働いたという。

「長男が投げた石が軍隊の人に当たって、それで逆にひどく殴りつけられて、殺すと脅迫をされて、そのあと逃亡するんですけれども。そういう事実関係については、ある程度というか、かなり日本の裁判所が認定してくれました」

しかし、その点について裁判所が下した判決は、「石を投げたこと自体が犯罪だから、それに対する処置は迫害ではないため、難民と認めない」というものだったという。

「それは……。それは僕には考えられないなぁ。父親が拷問を受けて精神病になって、もう一回連れて行かれそうなときに、ほかに方法もない無力な村人たちが、その軍隊に対して石を投げたことを、『それが犯罪だから厳しい扱いを受けてもしょうがない』って」

あるときは「証拠がないから認められない」。事実が認められれば、どんなひどい目に遭ったとしても「でも、それは迫害ではない」。こうした問答の積み重ねで、家族は難民に該当しないと判断された。

国の定義する「難民」ではないと決まったとたん、彼らは非正規滞在者となった。故郷で身も心も傷つけられ、帰る家を失い、この日本という国にも居場所が与えられない。どうしようもなく不安定な立場に置かれても、子どもは腹をすかせただろう。自分たちの選択に迷いや後悔もなかったとは言いきれないだろう。ムスタファさんやヌリエさんの気持ちを想像すると、胸が詰まる。

大橋さんの事務所からの帰り道、私はくらくらしていた。バリバイ一家は真の難民なのか、そうでないのか。少なくとも日本の司法と行政は、彼らを「難民ではない」と判断した。その過程を、私はどう受け止めたらよいのだろう。

国が決めたことなんだから、仕方がない？

彼らがうそをついているのかもしれないのだから、母国に返すべき？

そんな簡単に割り切ることはできなかった。

3 日本の難民政策

日本は難民受け入れ国

バリバイ一家のように難民申請する人は、日本にどのくらいいるのだろうか。

法務省の発表によると、二〇一九年の難民申請者数は一万三七五人。主な国籍は、スリランカ、トルコ、カンボジア、ネパール、パキスタンとなっている。

二〇〇八年が一五九九人だったことから比較すると、申請者は六倍以上に増加している（図1）。二〇一七年は一万九六二九人だったので、一〇倍以上だ。増えた理由は、世界全体

図1 難民認定申請者数の推移

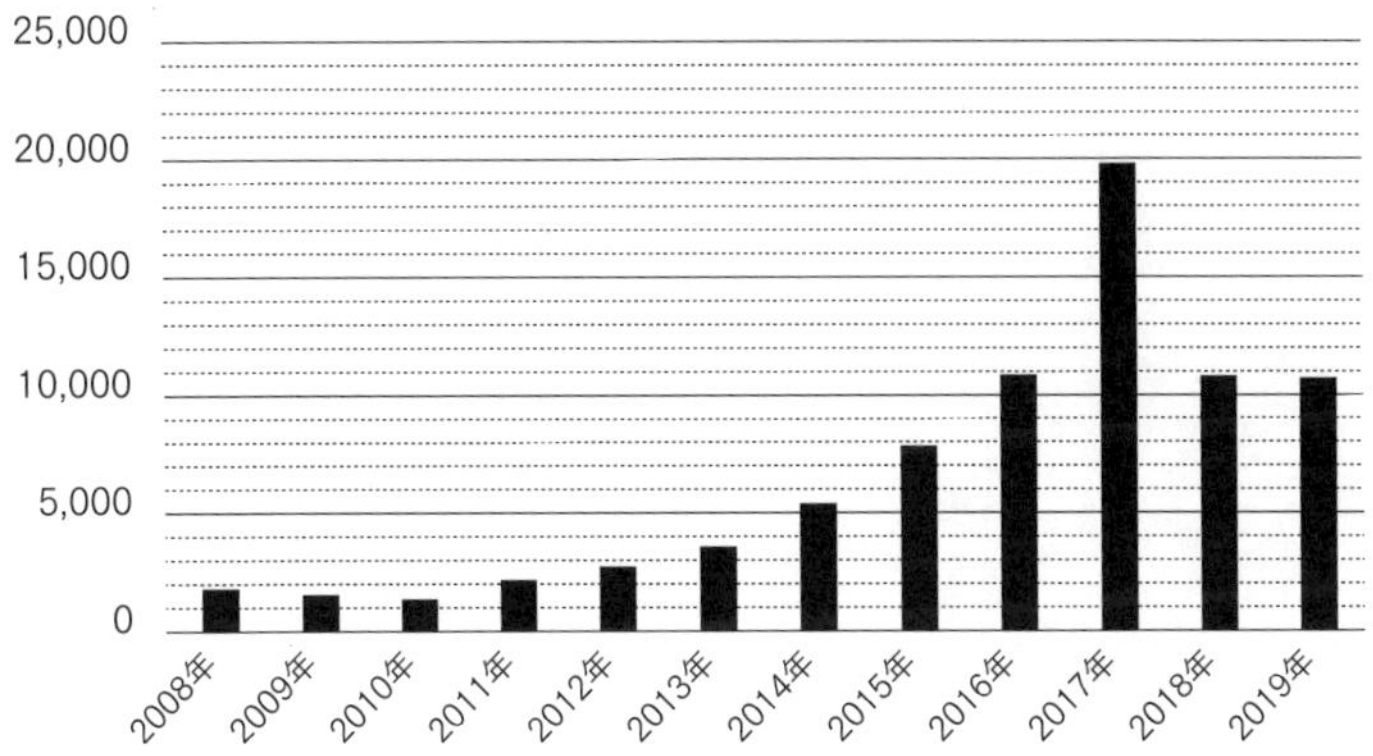

法務省の資料を元に筆者が作成

で難民の数が増加していることや、日本に入国する外国人全体が増加していることなどと見られている。

また、申請してから処理するまでに数年かかるため、難民申請を「どれだけ処理したか」という件数も発表されている。二〇一九年に処理した数は七一三一人、一方で「難民として認定した者」は四四人（不服申立ての「理由あり」一人含む）。処理数と認定数から算出すると、この年の難民認定率は〇・六％だ。

ここ五年の難民認定率は、軒並み一％未満を推移している。一〇〇〇人が審査されても、数人しか認められないのだ。この認定率は世界的に比較するとかなり低く、G7（先進七カ国）のなかでも、一％を切っているのは日本だけだ（表1）。

表1　G7の難民認定率

	申請者数	年間審査件数	難民認定数	難民認定率
カナダ	56,277	46,825	24,663	52.7%
フランス	187,516	136,410	22,896	16.8%
ドイツ	159,050	324,577	51,345	15.8%
イタリア	33,484	91,853	9,708	10.6%
英国	49,716	37,284	15,051	40.4%
米国	305,841	179,616	41,472	23.1%
日本	**10,375**	**7,131**	**44**	**0.6%**

グローバル・トレンズ2019（UNHCR）と法務省資料より筆者作成

難民を受け入れる国であるかどうかは、難民条約に加入しているかどうかで決まる。日本は、一九八一年に難民条約に加入した、れっきとした「難民受け入れ国」だ。

条約加入のきっかけは、インドシナ難民と呼ばれた人々の受け入れだった。一九七五年、アメリカに支援された南ベトナムとソ連に支えられた北ベトナムが戦ったベトナム戦争が終わる。すると、インドシナ三国（ベトナム・ラオス・カンボジア）は社会主義化を進め、新体制の下で迫害を恐れた約二五〇万人が、祖国からアジア諸国やアメリカ、オーストラリアへ逃れた。

そのなかで、ベトナムから小舟で脱出した「ボートピープル」九人が千葉港に到着（一九七五年五月）。これが、日本への初めての難民となった。受け入れ体制も法律もなかった政府は、一時的に滞在を認めたものの、定住は受け入れない姿勢をとった。だが、国際社会から批判を受けたため、七九年からは定住を認め、難民条約に加入し難民認定手続きを制定。これを機に、日本語教育や生活援助費の支給など、難民が社会で生きていくのを支える取り組みが始まる。宗教団体や民間のＮＧＯ、個人などの支援も広がった。

しかし、その後も日本政府は、難民受け入れに消極的だ。一方で、難民支援のために国連難民高等弁務官事務所（ＵＮＨＣＲ）には多額の資金供与をおこなう（拠出額は世界第五位）。「金は出すが、人は入れない」が日本のスタイルとなっている。

なぜ認定率は一％未満なのか

経済はグローバル化し、世界が移民・難民問題に揺れる現在、依然として日本で難民認定が少ないのはなぜなのか。

日本が「島国だから」という意見もあるだろう。確かに、隣国と陸続きのヨーロッパやアメリカと比べて日本は国際的な人の移動規模は小さい。外国人と共に暮らす社会について正面から向き合ってきたのは、一部の外国人集住地域に限られている。国全体の問題としては、少子高齢化がいよいよ深刻となってきた近年、議論が始まったところだ。さらには、ここ七〇年以上、戦争を経験していない日本にとって、迫害や紛争という非常事態が縁遠く、「難民」が身近に感じられないという側面があるかもしれない。

一方で専門家や支援団体のあいだでは、日本の制度面の課題が指摘されている。


国際人権法を専門に明治学院大学で教鞭を執り、自身も難民審査参与員として認定プロセスに関わる阿部浩己《あべこうき》教授に話を伺った。ちなみに難民審査参与員制度とは、難民を認定する際に公平性を高める目的で、二〇〇五年の入管法改正時に導入されたものだ。難民と認められなかった人が異議を申し立てたとき、学識者などで構成される参与員三人が審査する仕組みになっている。


「もし日本に、本当に真の難民が来ていないとしたら、それは恥ずべきことです。経験からして、現実はここまで低いとは思っていません」

阿部さんは、日本の難民認定基準が特別に厳しいとして、三つの点を指摘した。

ひとつ目は、難民条約の解釈が非常に限定的だという点。たとえば、難民の定義について。前述のとおり難民条約には、「迫害を受けるおそれがあるという十分に理由のある恐怖を有する」と記されている。この「十分に理由のある恐怖を有する」人というのは、日本では、当該国の政府から個人的に狙われているなどのケースを重視する（「個別把握論」と呼ばれる）。独裁政権と戦っているような、社会的に目立つ活動家のリーダーなどのことだ。

しかし実際には、暴力の矛先はリーダーのみに向けられるわけではなく、一定の集団やその家族らにも向けられる。力のない一般市民だからこそ、かくまってもらう場所がない。だから亡命するしかない。日本の基準では、そうした人々は保護の対象になることが難しい。

ふたつ目は、立証の基準が高いこと。暴行に遭ったと主張するのであればその証拠資料を、逮捕されたのであればその逮捕状を示すことが求められる。だが、当人からすれば、それはかなりハードルが高い。証拠がない場合、供述がすべてになるが、その供述も二転三転すると「信用がおけない」と見なされてしまう。難民のなかには、パニックによる記憶違いや「しゃべれば祖国に伝えられるのでは」という恐れ、性的暴行などに対する羞恥心や精神的ショックで、供述がスムーズにいかない人も少なくない。

これについてUNHCRは、以下のように「疑わしきは申請者の利益に」という考え方を採用している。

申請者がその主張を裏づけるために真に努力をしても、その供述のいくつかの部分について証拠が欠如することがあり得る。（中略）難民がその事案のすべてを「立証」できることはまれであって、もしこれを要求するとすれば難民の大半は認定を受けることができないことになろう。それ故、申請者に「疑わしきは申請者の利益に」の原則を適用すること

が頻繁に必要になる。（『難民認定基準ハンドブック』UNHCR）

通称、「灰色の利益」。これは「すべての利用可能な資料が入手されて検討され、かつ、審査官が申請者の一般的信憑性について納得したときに限り」適用されるものとしているが、前提としては難民ゆえの立証の難しさに配慮するべきだとしているのだ。

さらに三つ目として、阿部さんは入管のメンタリティについて指摘した。日本で難民認定プロセスの管轄は、入管だけがおこなっている。彼らは、国に出入りする人々の管理をすることが主な仕事のため、たとえばテロ対策のような国内の治安を守る意識が強い。こうした組織が難民を認定する場合、「母国に戻すと危なそうだな」という人道的な保護の目線よりも、「日本に入国した場合にどんな危険性があるか」という目線になりがちだというのだ。

他国で、移民・難民庁など独立した組織が認定プロセスを担うことがあるのは、こうしたバイアスを避けるためでもあるという。

たとえばフランスでは、フランス難民及び無国籍者保護局（OFPRA）という独立した機関が難民認定をおこなう。結果は、難民認定・補完的保護・不認定のどれかに振り分けられ、申請中の者は国からの財政支援を受けられる。認定や保護の認定を受けることができなかった場合、難民訴訟委員会（CRR）という難民専門の特別行政裁判所へ異議申し立てをおこなうことができる。

また、日本と同様に出入国管理の視点に基づく法律で難民認定をおこなっていた韓国は、二〇一一年にアジア地域初の独立した難民保護法を制定。家族統合の権利や申請中の生活が保障されるようになった。

日本で、入管だけが難民と関わる、今のような体制が続くのであれば、大きな変革は望めない。かといって、入管の体制を変革する議論は起きず、司法の場でも問題になってこなかった。

これらの阿部さんの指摘は、バリバイ一家の裁判ともリンクする。彼らは政治的指導者ではない一般市民であり、大橋弁護士が集めた証拠では拷問を受けたと見なされず、日付などの供述の詳細が少し変化したことで信用を失ったと聞いた。

バリバイ一家だけではない。私はこの問題にふれてから、何人もの難民申請者や難民認定者に話を聞いてきたが、同様のケースが複数あった。あるアフリカ地域出身の女性は、独裁政権に反対する思想を持ち、チラシを配る活動をしていて迫害を受けた。そして、その活動を示す証拠を残すため、空港でばれないように鞄の内側にチラシなど活動内容がわかる資料を縫い付けて出国したという。彼女は、数年かかって難民認定を受けることができた。とはいえ、当初はその命がけの証拠も認定には不十分とされたようだった。

こうして日本は、難民条約に加入した一九八一年から、難民受け入れに消極的な構造を築き上げてきたのだ。それは今も続いている。

入管庁長官インタビュー――〝偽造難民〟の増加

「難民鎖国」として世界でも知られることになった日本。難民申請者は増加傾向にある。この現状を当局はどう考えているのか、私は二〇一九年春、入管を訪ね、佐々木聖子《ささきせいこ》長官にインタビューをおこなった。

Q　近年、難民申請者が増加している現状を、どのようにお考えでしょうか。

A　近年の難民認定申請数の急増につきましては、平成二二年（二〇一〇年）の制度の運用の見直しのなかで、「正規の滞在中に難民申請をした申請者の方については、六カ月経過後に一律に日本で就労できる」という運用をしたことによりまして、日本で就労したいという方がこの難民認定の手続きを利用して、多く来日をされてきたということがあると思います。

一方、難民認定の数、または率が少ないというお声は多々いただいていますけれども、世界的に見て、多くの難民、難民申請者を輩出している国の出身者の方が、実際には日本にいらっしゃることが少ないということが、まさに背景のひとつにあると思います。

Q　就労目的の方が増えて、世界的に難民を輩出している国からは少ない。分母（難民申請者数）が大きくなり、分子（認定される人数）が小さくなっているということでしょうか。

A　ひとつの要因を申し上げましたけれども、たとえば就労目的で難民認定手続きを利用される方が多いという状況のなかにあっても、もちろん、庇護をするべき難民申請者の方については迅速に、それを見いだして、手続きを進めることが何よりも大事だと思っています。

佐々木長官が「難民ではなく、就労したい外国人が難民申請している」と言ったのは、いわゆる「偽装難民」問題のことだ。

「難民認定制度の適正化のための更なる運用の見直しについて」という法務省の報道発表資料によると、二〇一八年一月から九月までの申請者の出身国は、フィリピン、ベトナム、スリランカ、インドネシア、ネパールとアジア諸国が上位に並び、全体の七割を占めていた。

一方で、法務省は同資料のなかで、ＵＮＨＣＲの「グローバル・トレンズ２０１６」から、

表2　世界における難民の出身国

2016年

1	シリア
2	コロンビア
3	アフガニスタン
4	イラク
5	南スーダン

出典：グローバル・トレンズ 2016（UNHCR）

2019年

1	シリア
2	ベネズエラ
3	アフガニスタン
4	南スーダン
5	ミャンマー

出典：グローバル・トレンズ 2019（UNHCR）

世界で避難を余儀なくされている人の多い国の上位は、シリア、コロンビア、アフガニスタン、イラク、南スーダンで、これらの国からの日本での難民申請者は、二九人であることを指摘している。ちなみに、二〇一九年の難民の出身国上位は、シリア、ベネズエラ、アフガニスタン、南スーダン、ミャンマーとなり（グローバル・トレンズ2019）、申請者の出身国との乖離という同様の傾向は見られる（表2）。

さらに法務省の同資料には、不認定となった者の申し立て内容は、「知人・近隣住民、マフィアとのトラブル（借金など）」がもっとも多く四四％を占めており、「我が国での稼働希望を申し立てるものなどもあり、申請者の申立て内容を前提としても、難民条約上の難民に明らかに該当しない申立てが全体の半数以上を占めています」とある。

簡単にいうと、働く目的で来日した（難民ではない）

外国人が難民申請している、と入管は主張する。

ことの発端は、二〇一一年に法務省の制度が変わったことだった。難民申請をした人は結果が出るのに数年かかることも多いため、申請から六カ月を過ぎるなどの条件を満たした場合、「特定活動」という在留資格を得て働くことを認める運用をおこなった。これは難民申請者の生活の安定を図るための策であった。しかし、難民ではない外国人がこの制度を「濫用」しており、それが申請者の増加となっているというのだ。

こうした事態が起きた要因には、日本の移民政策の歴史が関連している。後述するが、働きたい外国人が制度の抜け穴を使って難民申請するしかなかった。

佐々木長官には、こうした申請者の急増にくわえて、難民認定率が低い現状についても質問をした。

Q　日本は、難民認定の定義や解釈が狭い、厳しいという意見がある。このことについてはどのように考えていますか。

A　難民認定の手続きというのは、難民条約上の難民の定義に申請者の方の状況が当てはまるかどうかを個別に判断するプロセスでございます。私たちが心がけていることとしては、難民の申請者の方からお話を十分に聞いて、なおかつ出身国の状況を正確に把握して、さまざまな状況を幅広く勘案をしたうえで、最終的には法務大臣が判断をするということでございますけれども、そうした一つひとつのプロセスについて、適切に調査あるいは判断をできるように務めているところでございます。

Q　佐々木長官が対応されているなかで、難民認定率が一%を切る状態というのは、現状に即しているとお考えでしょうか。

A　「即している」……。一件一件の申請を十分に審査・判断をしたうえでの結果、ということかと思います。

それまですらすらと答えていた佐々木長官が、最後の質問で言葉に詰まり、考えこむ表情を見せた。「真の難民は一%以下しかいないのが現状だ」とすぐに言い切らないのは、何か思うところがあったのか。はたまた揚げ足をとられない言葉を探していただけなのか。真相はわからない。沈黙の意味を問う質問を即座にできなかったのは、私の力不足であった。

4　非正規滞在者として暮らす

仮放免という謎の身分

「よっ！　何してんの？」

晴れた昼下がり。私がバリバイ一家のアパート付近を歩いていると、少年がカタカタとランドセルの音を鳴らして走ってきた。五男のデニズくんだ。二〇一八年当時、地元の小学校四年生。何度も家を訪ねているうちに、顔を覚えてくれたようだった。

「学校の帰り？」

「そう！　公園にママいるー」

デニズくんの向かった先は、小さな児童公園だった。原っぱに数本の大きな木、そしてベンチとブランコがあるが、がらんとしている。ちょうど公園の真ん中付近に大きな敷物が広げてあり、そこにヌリエさんが座っていた。

デニズくんがお母さんに駆けよる。クルド語で何かを話すと、ヌリエさんの脇にランドセルを投げ捨て、すれ違いざまに、

「遊びに行くんだい！」

と笑って日本人の男の子とどこかへ駆けていった。

私がヌリエさんに会釈していると、クルド人らしき人たちがちらほらと集まり、一〇人ほどで寝そべったり談笑したりし始める。住宅街の一角が、まるで中東の街中のようだ。

「こんにちは。いま集まっているのは、みんなクルドの方?」

ヌリエさんのそばにいた三男のマズラムさんが、流暢《りゅうちょう》な日本語で答えてくれた。

「そう、お姉ちゃんとか、いっぱいいるの。ちっちゃい子どもたちもみんなそう」

子どもたちは手作りのおにぎりをほおばり、男性たちはカップラーメンをすすっていた。

「カップラーメン、好きなんですか」

「日本のラーメンはおいしいですねぇ」

来日してから、ときが経った。ヌリエさんと共に来日した息子たちは成人し、結婚して子どもを産み育てている。家族はどんどん大きくなっていた。

これまで日本で難民として認定されたクルド人は、ゼロだ。しかし、日本に暮らすクルド人がみな非正規滞在というわけではない。来日した年や経緯によっては、難民申請をしているあいだに「特定活動」という在留資格を認められたり、裁判を経て在留特別許可を得られたりして、合法的に働くことができる人もいる。クルド人たちは、そうした有資格者を中心に助け合っている。

バリバイ一家では、日本人女性と結婚したヌリエさんの次男や従兄弟が「日本人の配偶者等」という在留資格を得て、解体業の会社を立ち上げるなどして働いていた。ヌリエさんたちは、彼らの収入を頼りに暮らしている。

本来、日本から退去を命じられた外国人は、送還されるまでのあいだ、入管の施設に収容される。バリバイ一家には、人道的な配慮により、「仮放免」という立場が与えられた。収容を一時的に停止され、条件付きで身柄の拘束を解かれるものだ。

拘束を解かれたからといって、自由の身を謳歌できるわけではない。次女のスザンさんが「仮放免許可書」と書かれた用紙を見せてくれた。顔写真や名前の書かれた面の裏には、日付とはんこがずらりと並んでいる。仮放免は短期的な制度で、二カ月に一度のペースで入管に出頭して、更新しなければならない。正規の在留資格ではないため、働くことができず、医療保険に入ることもできない。

公園に集まっていたみなが、仮放免という立場の不自由さについて不安と怒りを募らせていた。いくつか声を紹介する。

「今ね、五〇万円、借金あるんです、病院に。子どもがちょっと前に病気して、二回入院して。一歳六カ月で、日本でオーバーステイで産まれて、病院に裁判されてるんです。この子は何か悪いことしてますか」(二〇代男性)

「よい国だと思って、あなたの国が俺を助けてくれると思って、仕事でも守ってくれると思ったから来たんですよ。私たち、国で迫害されたから逃げてきたんだよ。死にたくないから、戦争してほしくないから、みんな好きな人、戦争で死んでるから。せっかくここまで来て、これから生き残った家族たちで平和に生きていくために、まじめに生きていけると思ってるけど、全部閉ざされてる。全部手錠かけられてるみたい」（二〇代男性）

「トルコにいたとき、夢がカメラマンになることで。でも、村が襲われたから逃げた。二五歳で日本に来て一一年、夢、何もできなかった。日本人の奥さんと婚約してるけど、生活費を奥さんに払ってもらうのも恥ずかしい。家賃を今日払う、次も払う、できなくなったら離婚。これどこの問題？　うちの問題？　日本は大好きだよ。戦争ないし好きなことできるし、好きな奥さんと手をつなぐこともできるし。でもこのルールだけはきらいだ」（三〇代男性）

「トルコ語でも日本語でも英語でも、持ってる気持ちは伝わらない。外国人を、人間の目で見てないと思う。一〇年でも二〇年でも仮放免、繰り返して。子どもの牛乳代あるかな、病院代あるかなと心配。どうしたらいい。どんな人間でも耐えられない」（五〇代男性）

仮放免には、登録した住所から県外に移動するときは「外出許可」を取ることも義務付けられている。私が収容所で出会った四男のウェラットさんは、仮放免として家族と暮らしていたが、二〇一六年五月、この規則に違反したことがきっかけで収容された。

この公園に集まっているはずの四男の、あまりにも長い不在が、母であるヌリエさんの心を悲しみで覆っていた。

「ひどく傷ついています。私たちの運命は、最悪です。息子が元気でいてほしいし、厳しい生活を送ってほしくないのに」

とはいえ、ヌリエさんにとって、家族を奪われる悲しみは、今回が初めてではなかった。

一家を襲ったもうひとつの悲劇

木漏《こも》れ日の下、家族が原っぱでくつろぐ光景は、ヌリエさんが「地球のにおいがする」と表現し、軒先でカトマジャを焼いていたという、遥か遠いトルコの村を彷彿《ほうふつ》とさせた。

日本に居場所はない。でも、この公園に来れば、心許せる人がいて母語で会話ができ、暖かい日差しと木々がある。ヌリエさんにとってこの公園は、厳しい生活のなか、故郷に思いを馳せることができる特別な場所なのかもしれない。そう思えるほど、ヌリエさんはいつもそこにたたずんでいた。

だが、この場所がそんな温かい気持ちに満ちた場ではないということを、私は知ることになった。

「この木です」

長男のワッカスさんとヌリエさんが、私たちを公園の端に立つ一本の木の下へ案内した。

「ここで首しめちゃって」

ウェラットさんが収容される半年ほど前の、二〇一五年一二月。ヌリエさんの夫・ムスタファさんが、その三メートルほどの高さの木の枝にロープをくくり、みずから命を絶ったという。

「これ半分は日本の国の、入管のせい。半分はトルコのせいなんだ」

ムスタファさんは、トルコで受けたという拷問の後遺症で精神疾患を抱えていた。

「夫はトルコの病院で、狭いところに入れてはだめだと言われていました。自分のことや家族のことがわからなくなることがあり、自分の身体の状態や、空腹かどうかさえわからないときがありました」

ヌリエさんは、私たちから視線をそらして話し始めた。来日して八年、難民申請を繰り返してもかなわず、ムスタファさんはときに収容され、症状は悪化。十分に治療を受けることもできなかった。

「その日は、私はたくさんのパンを焼く準備をしていました。彼が外から戻って、パンを食べて、バターがほしいと言うので、『身体によくないわ』と言ってやめてもらいました。彼はチーズとパンを食べ、紅茶を飲みました。その日はいつになくたくさん食べてくれたので、幸せな気持ちになりました」

「友だちが公園にいるから、会ってくる」

そう言って夫が出かけていくのを、ヌリエさんはいつものように見送った。しかし、その数時間後、警察と救急車が公園に来た。人だかりができているのに気づき、長男から電話があって、ヌリエさんは事態を把握した。救急車で搬送されたムスタファさんは、病院で脳死状態となり、その日のうちに帰らぬ人となった。

その木は、初夏に白い小さな花をつける、モチノキ科の木だった。私たちがそののどかな場所で起きた悲劇に沈痛な思いでいると、木の下にあるベンチに腰かけたヌリエさんの隣に、遊びから帰ってきたデニズくんが身を寄せてきた。当時六歳だったデニズくんは、父親のことをあまり覚えていないのだという。

「木の下でいつも夫に話しかけています。よく本を読んでいる人でした。子どもたちが勉強することを望んでいましたが、それを支えられませんでした。私たち家族に大きな影響をもたらした人でした。……いっそトルコで死んでしまったほうがよかった。ここに来なければよかった」

ヌリエさんはそうつぶやき、ため息をついて、子や孫が集まる輪へゆっくりと歩いていった。私には、返す言葉が見つからなかった。

第二章 長すぎる収容

1 収容所で起きていること

収容所の内部へ

かねてから交渉をしていた法務省から許可がおり、収容所内部の撮影が許された。前述のとおり、収容所のなかは基本的に立ち入り禁止だ。これまで収容所の現状を報道する媒体は、多くの場合、収容を経験した人の手記や新聞記事の「ペン取材」で、内部を映像で捉えたテレビ番組は多くなかった（一九八〇年までさかのぼれば、大村収容所の内部に潜入した『密航』というNHKのドキュメンタリー番組などがある）。近年、映像での報道が見られなかったのは、取材許可がおりないからなのか、興味を持つ取材者がいなかったからなのか、理由は定かでない。

ちなみに、海外メディアの取材はおこなわれている。BBCニュースジャパンの公式

YouTubeチャンネルに、二〇一六年六月七日付けで「なぜ日本は難民をほとんど受け入れないのか」というおよそ三分間の動画が掲載されている。そこには、誰もいない収容所内部を、キャスターが職員の案内を受けて、英語でリポートする様子が映像でおさめられている。

私たちが通されたのも、収容棟の利用されていないブロックだった。入り口で身体チェックがあり、とがったものや紐状のものなど、危険物がないか確認された。また、カメラでの撮影は、職員の監視の元、事前に指定したカットのみ。職員に関しては、足もとですら一切映らないように撮影せよと忠告を受けた。あくまで防犯上の理由だと説明を受け、内心で私は「BBCはもう少し自由に撮っていたようだが……」とちらりと思ったが、胸に留めておいた。

白い廊下に個室が六部屋並んでいた。各部屋は六畳ほどで奥にトイレがあり、窓から外の景色を見ることができない造りになっていた。その部屋に三〜四人で寝泊まりする。国籍の違いや日本語が話せるかどうかは関係なく、一緒に収容される。

部屋のなかに入ると、壁に何か書いてあるのを見つけた。収容された日と思われる日付。ドクロマークの落書き。横には「No retreat（撤退なし）No surrender（降伏なし）」とあった。昼夜ここに閉じこもりながら、何を思って書いたのだろう。私は、しばらくその落書きを見ていた。

食事は三度、ドア横の小窓から差し入れられる。メニューは、味噌汁とご飯であったりカレーであったり。学校の給食が思いだされた。職員からは、メニューについては「宗教に応じて材料を配慮している」と説明を受けた。

朝と夕方に点呼があるが、決まった時間内であれば、ほかの部屋との行き来が許される。棟から出ない限り、過ごし方は「自由」だ。逆にいうと、何もすることがない。刑務所などでは、作業や教科といった社会復帰に向けたプログラムがある。だが、収容は送還に向けたものなので、そんなプログラムはない。スマートフォンは持ち込み禁止。収容は突然となるケースがほとんどで、手荷物もわずかな人が多い。とにかく、やることがないのである。

廊下には、各ブロックにひとつの固定電話があった。出入り自由の時間内に、家族や恋人、友人らに電話をかけるのだろう。面会ボランティアがテレホンカードを差し入れしていたのは、このためだったと知る。天井には、ところどころに監視カメラがあり、職員が二四時間、別室でチェックしていた。

外には運動場があり、ブロックごとに使用時間が決められていた。なかにはフットサルをする人もいるという。「外」といっても四方を壁に囲まれ、天井にはネットが張られていた。

設備のすべてが、長期の収容を想定していない。あくまで強制送還の準備が整うまでの短期的な滞在を前提としている。よって、逃走などが起きない程度に安全で、最低限の生活が維持できれば十分という簡素な施設だった。

収容されている人は、地方入管の収容場を含めて全国で一三〇〇人近くとなっている。その半数以上が六カ月以上の「長期収容」で、収容期間が四年になる人もいる（二〇一九年六月取材時点）。

この収容のもっとも残酷なところは、期限がないことだ。強制送還されるのか、「仮放免」として日本社会へ戻るのか。家族に会えるのはいつになるのか。入管は、本人にも弁護士にも告げない。制度のうえでは「送還のめどが立つまで」となっており、たとえば引き取り国との調整や国費によるチャーター便の用意などがなされるまでのあいだとされる。だが、その進捗が本人や家族に説明されることはない。いわば、ゴールのない収容なのである。

先の見えない恐怖が何年も続く日々に、健康を害する人は少なくない。私たちは、収容所内の診察室に通された。町の小さなクリニックくらいの規模の診察室に椅子とベッドが置かれ、隣にはレントゲン室もあり、奥では看護師が数名働いていた。内科の常勤医がひとりいて、非常勤で精神科医や心理カウンセラーなどが来ると説明を受けた（出入国在留管理庁によると、二〇一九年一二月時点では、常勤医師は不在、非常勤医師が一四名〈各日に一～二名〉、カウンセラーは一名〈月に四回〉）。

診察を受けるには、入管職員を介す。収容者が訴え、申出書に記入し、職員が医師に提出して初めて「医療を受けられる可能性」がうまれる。つまり、最初に対応するのは、医療の専門家ではない。入管職員なのだ。日本語もままならない収容者が不調を訴えて、それが果たして適切な医療につながるのか疑問である。ましてや牛久の収容所だけで二〇〇人以上を抱えるため、何週間も診察を待たされることがあるという声を何人かから聞いた。

施設内の医療では十分ではないと医師が判断すれば、外の一般病院を利用できる。その場合、ひとりの収容者に対し三～四人の職員が同行し、本人には手錠と腰縄がつけられる。あくまで入管職員の仕事は、収容された人が暴れたり逃亡したりすることを防ぐことなのだ。

この状況をもって、人権は守られていると言えるだろうか。知る権利や医療を受ける権利は、「収容されるような外国人には必要ない」と捉えられているように思える。一時的に利用するための施設だからという説明で片付けるのは、あまりに乱暴だ。

一本の電話――オリンピックと入管

二〇一八年五月。夜、アパートの一室で母は二〇時になるのを待っていた。ヌリエさんの携帯電話に、収容所にいるウェラットさんから電話がかかってくるのだ。

収容所に外部から電話をかけることはできない。膝に慢性的な痛みを抱えていたため、七〇キロほど離れた牛久市まで面会に出向くことが難しくなっていたヌリエさんは、携帯電話を握りしめていた。

「もしもし」

「もしもし、あぁかわいい息子。元気？」

「入管のなかにいるよ」

「ふふ、わかっているわよ」

収容所内の電話には列ができることもあると聞く。この日のウェラットさんからの電話も、二〇時をしばらく過ぎてからかかってきた。

収容所から届く貴重な声。電話をスピーカーフォンにしてもらい、本人に許可をとって会話を収録させてもらった。

「ママたちは、変わりはない？」

「あなたが元気なら、こっちは元気よ」

「入管から『トルコに帰れ』って言われるんだ」

「あら、また同じことを言われているのね。『帰れない、帰れない、死んでも帰れない』って言いなさい」

「うん、『トルコには行けない。行けば牢屋《ろうや》行きだし、家族が日本にいるんだから』と言ったよ」

ウェラットさんは、日本に来たとき一二歳だった。ヌリエさんたちと同じ仮放免の身分で生活しながら、日本語教室のボランティアに日本語の会話と読み書きを習い、川口市内の公立中学校へ通い、日本人の友だちに囲まれて育った。

ところが、ウェラットさんが二一歳になった二〇一六年五月、東京へ出かけたときのこと。ちょっとしたけんかに巻き込まれたという。仮放免の人は、居住する県から出る際に「外出許可」をとることが義務付けられているが、ウェラットさんはそれを忘れていたため、警察に見つかり入管施設へ送られた。仮放免の申請は、一〇回以上連続で不許可。家族や友だちの誰もが、収容所で二回も誕生日を迎えることになるとは思っていなかった。

「もう二年以上だよ」

「そうね。二年も経っちゃったわね。二年……もう少しがんばってね。そうしたら、出られるかもしれないでしょう。がまんしてね」

「なぜこんな目に遭わされるのか教えてほしい」

「私もわからない。わかれば説明しているわ」

私も「お久しぶりです」と声をかけると、ウェラットさんは日本語で返答してくれた。

「ここに二年も収容されているのは悔しいですね。心バラバラになる感じです。すごい追い込まれてるよ。『国に帰らないとここにいさせる』って言われると、頭パンクする」

次に電話口から聞こえてきたのは、衝撃的な言葉だった。

「入管の人ともたびたび話してるんですけど、いま厳しくなってて『オリンピックまで出さない』と言われたんです。それ言われて、なんていうか不安ですね。自分は国に帰れないのに、もしも本当にオリンピックまで収容されたら、四年もここにいることになるでしょ」

法務省は、近年、入国管理の対策を厳しくしていた。二〇二〇年に開催が予定されていた東京オリンピック・パラリンピックのためだ。二〇一五年に策定された「第五次出入国管理基本計画」には、「二〇二〇年東京オリンピック・パラリンピック競技大会においては、多くの外国人が我が国を訪れることから、円滑な出入国手続と安全を守る取組によって、出入国管理行政としても、同大会の成功に大きく貢献できるよう積極的な諸施策を実現していくことが期待されている」とある。

そして、基本方針のひとつである「安全・安心な社会の実現に向けた水際対策および不法滞在者対策等の推進」の項目には、「退去強制令書が発付されているにもかかわらず、送還に応じない者の収容が長期化し、さらに、仮放免中の者が増加していることから、これらの者の早期送還に向けたさらなる取り組みが必要である」と示されていた。

その後、不法滞在者や本国への送還を拒む外国人を大幅に削減するよう、法務省が全国の入管や収容所に指示をしていくことも報道もされた。しかし、入管が具体的にどのように対応したかは定かではなかった。それが、ウェラットさんの証言によると、職員から「オリンピックまで出さない」という言葉が出たということになる。

世界的な平和の祭典のために、ウェラットさんのような人に「収容に耐えろ、耐えられないなら帰れ」と入管職員が言っているとしたら。その行為は人道的な見地から、けっして筋が通るものとは思えなかった。

「ママの心、どれだけ苦しいかなと。自由と安心のために日本に子どもを連れて来たのに、子どもが強制収容されてるのは、たぶん苦しいね。私も心のなか苦しいし、母親もすごい苦しいよ」

二年という年月は、母を気遣う青年から余裕を奪いつつあった。

「ここにいつまでいるかと考えると、わかんないから。それで精神的にひとつの方法というか、死ぬこともたまに考えるようになったんですね。まぁ最後の力で、一生懸命がんばっているけど、弟とか母親とか外にいるから、自分にがんばってがんばって言い聞かせてるけど、いつまでできるかね、ここのなかで」

電話越しのウェラットさんに、ヌリエさんは変化を感じていた。ときに無言のままのこともあると言い、私が電話を戻すと、ヌリエさんは力を込めて息子に言葉をかけた。

「気を楽にしてね。自分を追い詰めちゃだめよ。ちゃんと食事もとって。水分もとるのよ。そうしていくと精神的にも落ち着くから。何か足りないものがあれば、ママに言ってちょうだい。ママが持って行くわ」

「わかったよ、ママ」

「毎日電話をちょうだいね。少しでも声を聞きたいの。『もしもし』だけでもいいから声を聞かせて」

「わかったよ」

「気をつけてね。がんばって。あまり考えすぎないでね。神様が守ってくれますように」

「ママも元気でね」

「大丈夫よ」

ガチャッ、ツーツーツー。受話器が下りた音をしばらく聞いてから、ヌリエさんは深くため息をついた。

ヌリエさんは、大きくひきのばしたウェラットさんの写真を抱え、顔の部分をなでながら私たちに身体を向けて言った。

「ウェラットはとても優しい子です」

一枚の写真。背後には桜の花が咲き、お祭りだろうか、提灯が垂れ下がっていた。写真のなかで、たくましい体つきの青年がこちらをまっすぐに見ていた。ヌリエさんは耐えられないといった様子で写真に顔をうずめ、首にかけていたタオルで顔を拭ってから続けた。

「私はいつもウェラットの写真や着ていたシャツをそばに置いて、一緒に寝ています。末っ子のデニズはいつもウェラットの名前を呼んで『いつ帰ってくるか』と言っています。『もうすぐ帰ってくるわよ』と伝えるのですが、しばらくすると『帰ってこなかったね』と言うんです。だからウェラットからの電話をデニズに渡そうとしても『うそをついた、お兄ちゃんとはもう話さない』と言ったりします。

ウェラットは電話で『自殺したい』と言います。だからいつも頼んでいるんです。『やめてちょうだい、そんなことしたら家族はおしまいよ』って。若い息子が精神的にだめになるのではないかと心配です」

大粒の涙があふれたヌリエさんの視線は、カメラレンズをまっすぐに捉えていた。カメラの向こうの日本人全体に訴えているかのようだった。

2 絶望、罪業感、そして死

収容所内で人が死ぬ

取材期間中に、予想もしなかったことが起きた。収容所内で死者が出たのだ。

二〇一八年四月一三日、東日本入国管理センターのシャワー室で、インド人のディーパック・クマルさんが首を吊って命を絶った。

支援者によると、クマルさんは「短期滞在」の在留資格で日本に滞在し、難民申請をしたが不認定となり、オーバーステイとなって収容されていた。二〇一七年七月に収容されたというから、収容は九カ月を超える。仮放免が不許可になったと通知を受けた翌日の死だった。翌月には、あとを追うようにふたりが自殺未遂をした。

この一件を受け、収容者たちはハンガーストライキを行った。その数は一〇〇人を超え、前代未聞の規模となった。

抗議の動きは、収容所の外でも起こった。五月の夕暮れ、渋谷区のハチ公前広場にいつになく多くの人だかりができていた。

「入国管理局は長期拘留をやめて」「人権守れ」と書かれたプラカードを持った人々が二〇人程度、スクランブル交差点のほうを向いて並んでいた。中央に立つ男性が、「ご通行中のみなさん、この人が自殺しました。九カ月、無期限で収容されていたからです」と、クマルさんの顔写真を掲げた。

クマルさんの死を悼《いた》んで入管へ抗議しようと、Twitterで「#FREEUSHIKU」というハッシュタグで呼びかけて集まった人々だった。特定の政党や団体に所属していない、おたがいに初めて会う面々だ。SNSの力で、支援者など一部の人々以外にも情報が広がり、収容所の問題は少しずつ知られるようになってきた。入管の前ではなくハチ公前広場を選んだのは、渋谷の町を行き交う大勢の人々に知ってもらうためだろう。

「私たちはいま入国管理局で自殺者が出ていることに抗議して、ここに立っています。強制収容所があることをご存じでしょうか。この人（筆者注：クマルさんのこと）、日本で罪がないのに死んだ人です。クマルさんはひとりぼっちでシャワー室で死んでしまった。渋谷にも外国人がいますよね。友だちもいれば恋人もいるのに、ただ難民だというだけで、日本が難民を受け入れていないので、収容所に入れて長期的に放りこんだままにしているので、多くの方が自殺したり病死したりしています」

メガホンの先を、大勢の人々が足早にとおり過ぎる。仕事終わりのスーツ姿の男女、渋谷に遊びに来た若者グループ、交差点で自撮りするさまざまな肌の色の外国人観光客……。抗議の声は、雑踏に消えていく。ときおり、怪訝な顔をして立ち止まる人もいた。外国人のほうが足を止めることが多かったように見えた。私の近くにいたドイツ人のカップルが、集団の端にいた男性に「何ごとか」と英語で尋ねていた。男性は、入管の収容所でインド人が自殺したことを説明し、「SNSで拡散してほしい」と伝えていた。

メガホンは、収容所で支援活動をしているという男性に手渡された。

「こんなことでいいんでしょうか。これで国際社会？　日本はね、観光立国とかいって年間二〇〇〇万人以上の外国人を入れています。お金を持ってくる外国人は日本にウェルカム、お金のない困った外国人は日本は排除する。そんなことでいいんでしょうか」

収容施設内で死者が出るのは、これが初めてのことではなかった。収容所や地方入管の収容場で命を落としたのは、二〇〇七年以降、クマルさんで一四人目だ。

自殺とされるのは中国人やブラジル人、韓国人など五人で、ほかの人は病死や餓死とされている。入管が医療を放置したことによる病気の悪化を疑われているケースもある。

二〇一四年の三月に東日本入国管理センターで亡くなったカメルーン人男性は、入管職員の監視の元、息を引き取った。一カ月前から胸の痛みを訴え、めまいや不眠に苦しみ、診療を求める申出書を提出していた。

　様子がおかしいことに気づいた同室者も、男性を医師に早く診せるよう懇願していたそうだ。それでも診療はかなわず、二四時間、職員にカメラで監視される部屋（通称「懲罰房」）へ移された。男性はたびたび苦しみ、もがいてベッドから転げ落ち、監視カメラに向かって職員を呼び出すための「要件あり」と書かれたカードをかざした。だが、職員は対応しなかった。

　彼の死後に確認した監視カメラの映像からは、男性が「I'm dying（死にそうだ）」と声を絞り出していた様子が見て取れた。しかし驚くことに、同時刻の職員の動静日誌に記されていたのは、「異常なし」の四文字。翌日、男性がほとんど動かなくなってから職員が心肺停止に気づき、男性は救急搬送されたが、心拍が戻ることはなかった。

　この件は、異国の地でこんなかたちで息子を失った母親が、二〇一七年に国を相手取って国家賠償請求訴訟を起こすに至った。訴訟は現在も続いている。私は、裁判を担当する児玉《こだま》晃一《こういち》弁護士から、監視カメラの映像と職員の動静日誌のコピーを見せてもらった。監視カメラの前にいた職員は、のたうちまわる男性をどんな目で見ていたのだろうか。土日で常勤医が不在だったというが、死にそうだという訴えを「異常なし」とメモするのが入管の正しい対応だとしたら、背筋が冷たくなる。

閉ざされた空間のなか、日本の入管制度の「構造」のせいで、命を落としていく人々がいる。渋谷の無関心な雑踏に向けてむなしく揺れるプラカードを見ながら、ヌリエさんの言葉が頭をよぎった。

「私はビザがほしいわけでもなんでもないんです。ただ、息子のウェラットを私の元に返してほしいんです。ほかに何も望んでいません。ただ、家族で一緒に暮らしたいんです。すでに十分苦しんできました。夫も亡くなりました。もうこれ以上つらいことが起きたら耐えられません」

ただ一緒に暮らしたいだけなのに。ウェラットさんが最悪の事態を選ばないようにと、思わず私も祈った。クマルさんの死をきっかけに、待つ側にも、国の施設でまさか大切な人が命を落とすかもしれないという恐怖と、入管という権力を前に何もできない苦しみがつきまとうということを改めて知った。

抗議活動が終わりを迎える頃、ハチ公前広場にひとりの女性が呆然とした様子で立っていた。彼女もまた、待たされていた。

待つ妻たちの苦しみ

「うちの夫がいま収容されています。六カ月とちょっと経ちました」

その女性は日本人で、クルド人の夫が収容されていた。私が声をかけると、緊張した面持《おもも》ちで抗議活動に参加した理由を話してくれた。

「とにかく、今の体制をストップしたい。個人的なことですけど、早く元の生活に戻りたい。みんなで活動すれば、何か変わるかもしれない。私も当事者の家族として参加して、何かが変わればと思いました」

トルコに住んでいた夫は、日本で難民申請をしていた。とある縁で結ばれ、結婚生活は三年半になるという。だが、収容されたために、ここ半年以上は一緒に過ごしていない。収容の理由は、妻であってもわからない。

「『総合的な判断により』というくくりだけで、具体的なお話も何もないです。収容されるときに、本人も理由を教えてくれと何度も求めたんですが、『あなたわかってるでしょ』ってそればっかりで、押し問答だったようです。私から聞いたら『退去強制令書が出ている以上はいつでも収容し、国に返す準備をするために収容する』と。それしか言わないんです」

収容に抵抗し大きな声を出した夫は、入管職員による制圧行為を受けた。

「息ができないくらい、夫ひとりに対して多人数で、床に伏せて全身を押さえつけられたそうです。本当にもう、意識が遠のくくらい苦しかったと言っていました。収容された午後に面会できたんですが、おでこと肩は制圧行為で受けた擦り傷がはっきりと残ってました」

日本人と結婚した外国人は、基本的には「日本人の配偶者等」という在留資格が適用されるはずだが、女性の夫は得られていなかった。

「なかなか難民申請は認められないので、せめて配偶者の在留資格を取得するために提出するものはして動いてるんですけど、なんら変わらず収容されているので……。同じような状況で通ってる人もいるし、収容される人もいる。何が基準なのかさっぱりわからない状態なんです」

夫の収容が続き、女性の心配は募っていた。

「収容が解かれるめどが立たないために、夫は精神的にかなりプレッシャーがかかっていまして。情緒も不安定ですし。心臓の発作もたびたびあり、血圧も急に上がったりですとか、心配です。入管職員からもらったメモには『狭心《きょうしん》症の疑い』と書かれていて。そのメモを面会のときに夫が私に見せてくれて、『これってなんて書いてあるの？』と聞いてきました。私が『狭心症の疑いってあるよ、心臓の病気だよ』って言ったら、『ああ、やっぱりそうか』と」

待つ側の妻も窮地に立たされる。

「ひとりでなんとかやってるんですけど、やっぱり毎日不安で不安で。こちらが支えないといけないので、しっかりしなきゃいけないと思うんですけど。夫と面会のときは涙が出ます。夫は『がんばって』『絶対待ってて』って励ましてくれて、逆に支えられることもあります」

私はこの取材期間中、ほかにも何人もの「待つ妻」たちに出会った。日本人も外国人もいた。経済力がなかったり、育児を担っているなど社会的に立場の弱い女性が、入管に抗議し、夫を支え続けるのは難しい。

夜勤のある介護の仕事をしながら、都内から牛久市の収容所まで精神も体力も削って通う人もいた。出産してから二カ月で、夫が収容された人もいた。彼女は産後の身で仕事もできず、親戚に助けてもらいながら暮らしている。私が話を聞きに行くと、夫と産まれたての娘と一緒に撮った写真を私に渡すと、突っ伏して泣き出してしまった。娘はすでに一歳となっており、写真のなかの夫を指さしながら「パパ」と私につぶやいた。その後も母の嗚咽《おえつ》が止まらず、それ以上はとても取材にはならなかった。

「人格が崩壊する」——入管カウンセラーの危機感

長すぎる収容は、人の心をむしばんでいく。そのことをもっとも危惧している人に出会うことができた。

東日本入国管理センターの非常勤カウンセラー、鵜川晃《うかわこう》さんだ。鵜川さんは、海外からの移住者のメンタルヘルスについての研究を専門としており、大正大学の教員として働くかたわら、二〇一〇年から月に二回、収容された人々の声に耳を傾けている。「この現実を知ってもらう機会が少しでも増えるのなら」と、取材に応じてくれた。

私が取材した二〇一八年五月、今までになく長期化している収容に対し、鵜川さんは医療者として強い危機感を抱いていた。

「収容されたからというよりも、収容が長期化したことでメンタルヘルスの問題を抱えるという状況が見られます。一番最初は身体的な症状、もう少し聞いていくとライフストーリーのなかでの社会的敗北感であったり、現在、何もできない自分への怒りであったりとか、そういったものが強まっていって『拘禁性のうつ病』のケースが見られます。うつ病と病理は一緒なんですけど反応性のもので、拘禁が長くなればなるほど精神的な不調をきたすものです」

拘禁性のうつ病。それは身体的自由を奪われることのみではなく、精神的な自由を奪われることで引き起こされる心の病だ。

「人間らしい生活っていうのは、自分で選択権があるっていうことだと思うんですね。布団であったり、食事の内容だったり、選択権がすべてないような、制限しかないような状況で生活が強いられてるっていうのは、彼らにとって非常にストレスの高い状況だと思います。海外だと自殺をする人の九割がメンタルヘルスの問題を抱えていて、日本では七割から九割がメンタルヘルスの問題を抱えているとされています。ですので、ああいうセンターで自殺を予防するということは、早めにメンタルヘルスの問題を洗い出すことが大切だと思っています。それが医療者から言えることなんですけど、自殺に至るメンタルヘルスの問題の背景には、拘禁性のうつがあるので、収容が長期化することがやはり問題だと思います」

なかには、母国の風習や文化の違いによって、精神科にかかること自体に偏見があり、カウンセリングを拒む人もいるという。そうした人たちに、どのようにカウンセリングとつながってもらえるか。鵜川さんは思案に暮れていた。

また、自分の自由がないことと同じくらい苦しむのが、家族の問題だ。

「家族と引き離されて生活している場合、引き離されていることが問題というより、家族に自分が迷惑をかけていると考えてしまいます。自分がいないことで家族に何もしてあげられないという罪業感《ざいごうかん》を抱いて、苦しいと言われます」

「罪業感」とは、うつ病の症状のひとつのことで、自身の存在がまわりに迷惑をかけてしまっているとつらく感じる状態のことだ。

収容が長くなるにつれてこの罪業感が高まり、どんどん心を追い詰めていくという。

「家族に何もできない。申し訳ない。自分の無力感を感じる。そういう思いのなかで、家族との連絡をとらなくなる人もいて。友人関係も同じなんですけど、そうなると孤独感を強めてしまう。その孤独が絶望につながっていくと思います。

たとえば刑務所であれば、いついつになったら外に出られるという期限があるんですけれども、東日本（入国管理センター）の場合はいつ出られるか、どうやったら出られるか、答えがわからないんですね。われわれに聞かれてもわからないところで。自分たちは、何を目指したらよいのか。収容されている状況で、何か今できること、目的・目標を見いだせたりすると少し希望を持てたりするんですけど。（希望を）持ちにくいということも、彼らの絶望につながります」

収容所には、家族から電話をかけることはできない。辺鄙《へんぴ》なところにあるので、面会に来るのも一苦労。収容された側から電話をかけなければ、たちまち孤独は募っていくだろう。自身の状況も知り得ないなか、ひとりで踏ん張るには支えがなさすぎる。

「このままいくと人格の崩壊になりかねない。自分がなんとかここで生き延びて、元気な姿で家族に会おうとプライドを持ちながら生活してるんですけども、何度やっても仮放免が認められない。ずっと無力感を抱えるなかで、人格が崩壊してしまったり、投げやりになってしまうような人が出てくるということが心配です」

追い詰められる収容者たち、求められる支援

鵜川さんは、四月に所内で自殺したインド人と会っていなかった。しかし、その一件が所内に不穏な空気をもたらしていることは感じ取っていた。

「収容が長期化することによって収容者のストレスはたまってきますし、拘禁性のうつで自傷行為が増えることがあります。センターの職員の方は安全を守るということがありますので、朝、名前を確認して、自分の身体を傷つけていないか、ちゃんと生存確認もされるんですけど。逆に収容者からすると、常に自分たちが見張られて管理されているというプレッシャーに感じてしまう。

なぜそれがおこなわれているかということを私も説明はしてるんですが、言われていることはわかっても、自分たちの自由がどんどんなくなっていくと感じる。そういうことに対する不安と不満は高まっているように思えます」

所内で死者が出るようなことが起きたあとは、「自分たちはどうして気づいてあげられなかったんだろう」と罪悪感を抱えてしまう人や、集団ヒステリー的に「やっぱり自分たちも希望がない」と考えてしまう人がいるという。鵜川さんは今まで以上に、収容された人々の

言動に気を配っていた。

しかし、鵜川さんのような医療者にできることは限られているのも現実だ。鵜川さんによると、収容されている人の一割がメンタルヘルスの問題を抱えているという。だが、彼らに日々直接対応するのは入管の職員であり、メンタルヘルスの専門家ではない。病の兆候を見極め、適切に医療につなげることなど実際には難しい。鵜川さんは「収容者とスタッフのストレスがお互いに高まっていくのではないか」と感じていた。

全国の収容所や地方入管の収容場に、医療体制をもっと充実させるべきだということは、たびたび支援団体や活動家が主張してきた。入管は「医療施設ではないので」と受け流してきたが、実現しないことの原因のひとつには、協力する医療者が見つからないという壁もあるという。

「医療者自身が、教育プログラムのなかで、文化的背景の異なる人たちへの支援について学んでいないし、接した経験がないという方たちが多いんです。そうなってくると、東日本（入国管理センター）でのサポートっていうことに躊躇する先生たちもいらっしゃるんですよね。さらには、サポートに入るなかで『いったい自分たちに何ができるんだろう』と。対処療法的なことはできるんですけども、根本解決のところは何もできないということで、私たち自身も傷つきもしますし、不安ももちろんあります」

事態が変わらないのは、入管の問題だけではないのだ。日本の在留外国人は二八〇万人を超えるが、彼ら彼女らへ寄り添ったケアは十分現場に根付いていない。外国人しかいない入管には関わりたくないという医療者が多いことも想像がつく。

収容所には視察委員会（「入国者収容所等視察委員会」二〇一〇年七月設置）が存在する。視察委員会とは、収容所や収容場などの適正な運営のために意見を述べるための第三者機関だ。学識経験者や法曹・医療関係者など一〇人が、全国一七の収容施設に視察をおこない、「常勤医の設置を」「ハンガーストライキへの対策を」などと、医療や食事等について意見を提出している。しかし、視察は全国一七カ所に対して年に八〜九回のみで強制力はなく、日常的な収容所への第三者の介入はない。

この特殊な状況が、「収容がもたらすもの」を覆い隠してきた。鵜川さんは、収容者の日常を垣間見ている貴重なひとりとして、今の構造には限界があると感じていた。

「非正規滞在になった人たちを、今後どういうかたちで日本のなかで抱えていくか。海外では（収容所の）外に行って、帰って来られるようなところもある。それを日本に持ってくるということではなくて、日本独自に、ある程度の選択権を考えた、彼らの収容というよりは、彼らをどう処遇していくかというのを考える時期なんだと思います」

単に閉じ込めるだけでない処遇を――次に紹介するように、そうした趣旨で日本はたびたび世界から勧告を受けている。

世界からの勧告と入管庁長官の答え

日本の収容は、「全件収容主義」に立脚している。全件収容とは、在留資格がなくなった人は全員収容して強制送還の手続きに入ることを指し、「原則収容主義」、または「収容前置主義」ともいう。そのため、難民申請中の人でも収容されることになる。

一方、日本も加入している「難民条約」では、難民申請者は強制送還してはならないと取り決められている。難民条約三三条一に規定されている、ノン・ルフールマン原則だ（ルフールマンとは、フランス語で「送還」の意）。「難民を、いかなる方法によっても、人種、宗教、国籍もしくは特定の社会的集団の構成員であることまたは政治的意見のためにその生命または自由が脅威にさらされる恐れのある領域の国境へ追放しまたは送還してはならない」とするこの原則を、締約国は法的義務として負っている。これは難民認定者だけでなく、難民申請手続き中の者にも当てはまる。

しかしながら日本では、難民申請をしていても在留資格を失えば送還対象となり、期限を設けず収容される。そんな日本の特殊なシステムは、人権上問題があると国際社会から批判されてきた。

たとえば、国連の拷問禁止委員会は勧告を行っている。拷問禁止委員会とは、拷問等禁止条約に基づく組織で、批准国家の履行状況を監視するために設置されている。二〇一三年に日本からの報告に対して出された当委員会の勧告では、「出入国管理及び難民認定法(入管法)に従って行われる退去強制命令の下、長期間の、ときには無期限の収容が庇護申請者に対して行われていること。また、そのような収容の決定に関する独立した審査が欠如していること」や「庇護申請者に対して、収容以外の手段がほとんど利用されていないこと」などに懸念を表明し、「庇護申請者の収容は最後の手段であり、必要な場合であっても可能な限り短い期間に留めること。また、退去強制までの収容に最長期間を設定すること」をおこなうべきであるとしている。

また、人種差別撤廃条約に基づく委員会は二〇一八年に、「入管収容について最長期限を設けることを勧告するとともに、庇護申請者の収容が最後の手段として可能な限り最短の期間で用いられるべきであり、収容の代替措置を優先する努力がなされるべきである」とする勧告を表明している。

これらについて、全国難民弁護団連絡会議が政府に対応を求める要望書を出したり、何人かの議員らが国会で質問をおこなったりしてきたが、入管は「世界は世界、日本は日本」とでもいったような態度で現在に至っている。

今回、すでに紹介した出入国在留管理庁の佐々木聖子長官へのインタビューで、長期収容の現状についても質問をおこなったところ、以下のような答えが返ってきた。

Q　収容について。収容者の半数以上が六カ月以上の長期収容となっていますが、背景には何があるのでしょうか。

A　大部分の方が、退去強制が決定したあと、自発的に退去・出国をしているんですけれども、なかには送還・退去を忌避している方がいらっしゃることによりまして、送還までの期間が長期化しているということが背景にあります。

Q　そうした現状について、どのようにお考えですか。

A　ご本人の意志には反していると思いますので、そうした収容が長期に渡るということは望ましくないというのは、私たちもそのように思っています。ただ、すでに退去するということが、重層的な手続きの最終結果として出ている方について、長く収容をしていることによって、「日本に合法的にいていただくようにしましょう」ということになってしまいますと、今の退去強制手続きの仕組みが成り立たなくなってしまいます。それで、長期収容が望ましくないということを解決・改善する方法としては、送還ができるだけ早期にできるようにするということによって、この長期収容を解決するべきと入管としては考えています。

具体的には、まずその送還を忌避している外国人の方に、日本の入管法の仕組みをきっちりとお話をして、もう決定はここでなされているのですから、ここで退去していただかなければならないということを粘り強く説得をすることですとか、さまざまな送還のための環境を整える、というようなことに務めています。

Q　送還を拒んでいる本人は、収容所からいつ出られるかわからず、納得できないストレスを抱えています。

A　入管の手続き上も、十分に外国人の方の主張をお伺いをして、たとえば最終的に退去強制の理由に当てはまるのだけれども、法務大臣が特別な判断で在留を許可するという手続きも、入管法のなかに定められています。
ですので、本人には、その段階でできるだけアピールを十分にしていただいて、たとえば日本にこういう理由でいなければならないですとか、難民認定手続きであれば、その難民に当てはまる理由というのを十分にお話をいただいたうえで判断をする仕組みになっていますので、そこで十分に主張していただきたい。

その代わり、その決定が出たときには、これも日本のルールに従っていただきたいという気持ちはもちろんあります。ただそのなかで主張を伺って、特別に配慮するということがあれば、当然ながら配慮するわけでございますので、そうしたご理解をいただければと思っています。

私どもの収容所の性格としましては、そうした理解の元にいったん命令に従って出国をされるということであれば、まさにすぐに収容所から出るという性質の収容施設ですので、そういうかたちで収容が終わるというかたちが本来あるべきだと思いますし、それを目指して私たちも努力したいと思っています。

Q　収容には上限が設けられておらず、「人道上問題がある」と専門家や国連機関が指摘していますが、どのようにお考えですか。

A　私たちの施設は送還までにその方を留めておく施設ですので、そもそも送還を目的とした収容であるという限りにおいて、迅速に送還をすると法律上たてつけられている以上、迅速な送還を目指すべきと考えております。実態として長期収容が増えているというさまざまな事情はありますけれども、例外的な事情・状況である長期収容のためのなんらかの上限を設けることについては、仕組み上、適切ではないと考えています。

国家レベルのルールの元では、収容された人の権利や痛みは取るに足らないということなのか。牛久の収容所で面会ボランティアを行っている田中喜美子さんが、「日本のシステムの問題なのよ」とつぶやいていたのは、このことだったのだ。

そのシステムは今、良くも悪くも動きつつある。きっかけは、三年七カ月に渡って収容されていたナイジェリア人男性が、二〇一九年六月に長崎県の大村《おおむら》入国管理センターで餓死したことだ。長期収容に反対したハンガーストライキの末と見られている。

この事件を受け、政府は学者や実務家と対策を考える「収容・送還に関する専門部会」を設置した。二〇二〇年六月、専門部会からは、送還を忌避する者に対する刑事罰として「退去強制拒否罪（仮）」の創設を検討する提言が発表された。今後の行方を注視するが、これが実現すれば、この国は「帰るに帰れない」人々に対して、強制帰国か有罪かの二択を迫るような状況になる。

3　生き延びるためにルールを犯して

仮放免下の不安定な暮らし

川口市の住宅地の片隅に、小さな八百屋がある。白髪《しらが》のお父さんと元気な娘さんが営むその店は、季節の野菜や果物が安く、絶えず地元の人がのぞきに来ていた。

店には、近所に暮らすクルド人もたびたび姿を見せた。ほかの店に比べて、圧倒的に客のクルド人率が高い。そのわけは、接客を担当している娘さんにあった。

「クルド人のお客さんに声をかけて、どんな料理に何を使うか聞いたの。たとえばたくさんのパセリとか。それを仕入れたら、よく来てくれるようになったわ。今では『あれ入ってる?』と電話がかかってくるわよ」

娘さんの機転によりクルド人のあいだで店の評判は広まり、すっかり常連客ができたというわけだ。客と店員は、片言の日本語で通じ合っていた。食を通じてつながる女性同士のしなやかさは、国や地域を問わない。

バリバイ一家の母・ヌリエさんもよく店を訪れるひとりだった。

「そっちのキュウリのほうがいいわよ」

次女のスザンさんとふたりで、キュウリにトマトと、新鮮なものを吟味していく。トルコでは野菜を育てて売っていた一家。その目は真剣だった。育ち盛りの末っ子のデニズくんや、スザンさんの夫や子どもたちなど、大勢の家族の食欲を満たすため、少しでも安くたくさんの食材を手に入れなければならない。

買い物を終えるとヌリエさんは、大きな袋を抱えながら私たちのロケ車に近づき、「家まで送ってくれないか」と頼んできた。私たちは大量の野菜とふたりを乗せて、家に向かった。

ヌリエさんは膝を傷めている。重い買い物袋を持って歩くのは、きついようだった。アパートの階段をあがるのも一苦労だ。何度も病院で受診をしたが、慢性化してしまっているという。

部屋に着くと、「バリバイヌリエさま」と書かれた病院の白い紙袋から、痛み止めの薬を取り出して飲んでいた。薬はほかにもたくさんあった。高血圧、頭痛、手のしびれなど、不調が絶えないという。

ときには頭痛がひどく、精密検査を受けることもあった。しかし、大きな病気は見つからず、そのたびに検査や薬にかかる費用がかさんでいた。

仮放免の立場のヌリエさんは、保険証を持つことができない。医療費は全額自己負担。支払いは分割にしているが、滞りがちだ。

「これ（筆者注：医療費）もすべてお金がかかることなのに、どうやってやりくりすればいいのか。ストレスでさらに具合が悪くなってるんです」

在留資格のある次男の名義で借りたアパートの家賃もある。住まうこと、医療を受けること、それらの支払いを済ませるための仕事をすること。そのすべてが仮放免ではままならない。

日本のルールでは生きられない

閑静な住宅街に響く、バリバリバリッという大きな音。むき出しになった壁板や梁にショベルカーがその先端を振り下ろすと、あっという間に住宅は更地《さらち》になっていく。ショベルカーのまわりにはヘルメットをかぶった男たちが、砂煙があがらないようにホースで水をまいたり、木片やがれきをトラックへ積んだりしている。

重機を操縦するのは、バリバイ一家の次男・エルジャンさんだ。日本人女性と結婚した在留資格保持者で、解体業社の代表をしている。免許を取得し、早朝からトラックを飛ばし、埼玉や東京などの現場でみずからも重機を操る。彼の収入が、ヌリエさんたちの食費や医療費をまかなっている。

休憩時間にエルジャンさんに声をかけると、母国に帰れない人が日本で働くことを禁じられる仮放免制度に、怒りをにじませた。

「仕事させないと、何を食べて生きていくの？　それは思いっきりわかっていることだからさぁ。たとえば生活の面倒を見てくれるんだったらいいんだよ。毎月このくらい出しますよっていってさ。それでちゃんと仕事しちゃだめだよって。それで違反したら、逮捕とか捕まる、収容すればいいんだけど。みんな仕事しないでどうして生きていけるの」


在留資格保持者が身近にいる人ばかりとは限らない。生活が立ちゆかなくなり、やむをえず仮放免の立場を伏せて働く人たちがいる。就労は入管法違反のため、入管に見つかればすぐに拘束される身だ。

そうやって働く仮放免の人々は、どういう思いでいるのか。私たちはある解体現場で、個人を特定しないことを条件に、仮放免で働くクルド人に話を聞くことができた。

そこには、年長の男性とかなり若く見える男性がいた。

「お父さん、いくつですか？」

私がたずねると、重機に腰掛けた年長のほうが答えた。

「私、四七」

「日本で何年ですか？」

「二〇〇四年から(日本に)入って、もう一四年かな」

「ずっとこういう仕事を?」

「だいたいね。ずっとこういう仕事」

「本当は、仕事はできませんよね?」

「本当は、できない。いま話しても、心配。どうなるかわからない、俺の身体。トルコに行っても怖い、日本にいても怖い。クルド人みんな困ってるところ」

入管に拘束されることにビクビクしているという年長の言葉を受けて、若いほうの男性も話し始めた。

「日本の若い子は、こういう仕事やんないですよ。いま見てました? でっかいガラ(岩)も私は運んでるんですよ。でも日本で働いてると、仮放免だとかビザだとか、ぜんぜん働いちゃだめって言って。働かなきゃどうやって住むのって言ったら、『日本のルールだから』。どうやればいいの? 泥棒すればいいの? 何か悪いことやればいいの? っていう気持ちなんですよ」

「おいくつですか?」

「今は二〇歳です。六年前に日本に来て、この仕事もたまにバイトに来てるんですよ」

一四歳で来日したときから仮放免として生きている彼は、帰国したくない理由について堰《せき》を切ったように話し始めた。

「爆弾、落ちてるから、うちの住んでたところに。で、うちらは何もしてないのに、ただ生きてるだけなのに、テロリストって言われて。兵隊たちが銃を持って入ってくる。それが怖いから日本に逃げて、違う国にも行けないし。日本がヨーロッパ行ってくださいとか、そういう紙を出したら、うちらそこに行くけど、そういうのも出さないし。ただ自分の国に帰ってって言うし。

私、いま帰ったら、兵隊にならないといけない。二〇歳になったら兵隊に行かなきゃだめ、トルコでは。兵隊になったらどうなる？ クルド人と戦わないとだめ。クルド人は私のこと殺すか、私がクルド人のこと殺すか。でも私もクルド人。なんで私、何もしてない人に銃を撃たなきゃだめなの。

私のお父さんは兵隊だったの、昔。そのとき、村でクルド人のひとりが野菜を作ったりしてるところに兵隊が行って、クルド人のことぼこぼこにしたみたい。なんでかわかんない、ただ『クルド人だから』。クルド人だから何したの？ 何もしてない。でも、クルド人には、(暴力を)やんないとだめ。(兵隊だった)お父さんはそれ全部やって、いまストレスたまっちゃって、ちょっと頭もおかしくなってるみたい」

この青年は、罪がないように思える同胞にも暴力を振るわなければならず、自分を失っていった父を間近で見ていた。自分もそうなるのが耐えられず日本に逃げてきて、不法就労をしている。

「『自分の国に帰って』って、簡単に言うけど……。『死んで』っていうふうに聞こえる。『仕事しないで、ご飯食べないで、日本で生きるな、トルコに帰って』って……。トルコに帰ったらどうなる？　死ぬ。これが、日本のルール？

全部守ってますよ。信号のルールもうちら守ってますよ、ちゃんと。でも働かなきゃ、ご飯にならないし、それでお腹すいて死ぬ。生きれないから、日本に」

日本のルールに従えば、日本にいても生きられない。その矛盾に、やるせない気持ちを抱えていることが私には痛いほど伝わってきた。

彼らは番組では顔をぼかし、声を変え、場所や本人が特定できないかたちで放送した。彼らの身からすれば、取材に応じたことがきっかけで入管に拘束されるリスクがある。そのため、仮放免にもかかわらず働いている人の思いは、映像で届けるのは非常に難しい。しかし今回、彼らはみずから「聞いてくれ」と言ってきた。この実情を世間に「届けてくれ」と。私は迷ったが、見て聞いてしまった以上、取材者としては（限りなくリスクを減らして）世に出すのが責任だと思って判断した。自分のなかで湧いた憤りに突き動かされた部分も大いにある。

誰かが、仮放免のことを「壁のない収容」と言った。四方を壁に囲まれた生活からは解き放たれても、働くことはできず、生活への支援はない。つまりそれは、生きていくことを許されていない状態だ。こんな制度が、母国に帰れない人間を相手にするものとして十全に機能しているとは私には思えない。入管はあくまで治安を守る部署だから知りません、彼らが帰国しないのが悪いのです、それで片付く話だろうか。母国に帰れないことは罪ではないはずだ。

　特に国家という後ろ盾を持たないクルド人は、日本という国家にも守られず、宙ぶらりんだ。今いる場所にしがみついてしか、自分や家族は生きていけない。こうして仮放免の人がやむを得ず働き、不法就労者として入管に取り締まられて再び収容されていく。この堂々巡りが、不毛に思えて仕方ない。

　そして、もうひとつの側面に気づく。「不法就労」が成立しうるのは、仮放免制度のせいだけではない。当然のことながら、それでも雇う側がいるからだ。日本の全国各地に、彼らのような働き手を必要とする場があることは現実だ。劣悪な労働環境に安い人件費で仕事を発注する企業があり、その恩恵にあずかっている社会がある限り、彼らは働き続けるだろう。

　ルールを犯していることは理解していながら、再び終わりのない収容生活に引き戻されることにびくびくしながら、それでも生きるために。

第三章　バリバイ一家の願い

1　終わらない収容の苦しみ

突然の釈放

ウェラットさんとの再会は、唐突に訪れた。

二〇一八年七月九日、私はひとりで東日本入国管理センターの前に立っていた。しばらく待つと玄関の自動ドアが開いて、ウェラットさんがすたすたと歩いて出てきた。ガラス越しでしか会ったことのなかった彼は、私に気づくと握手し、「ありがとう」と言った。その手は力強い。

仮放免の許可が出たのだ。二年以上になる収容に終止符を打つため、ウェラットさんと大橋弁護士は仮放免許可の申請をしていた。一二回目でようやくそれが通ったのだ。私が驚いたのは、そのタイミングだった。

私は、バリバイ一家や難民認定にまつわる周辺情報を取材したうえで、NHKのハートネットTV「外国人とニッポン 第二回 故郷を追われて 難民はいま」（Eテレ）を制作し、七月四日に放送していた。

事前に、インタビューした入管の警備課長や職員らには、放送日を伝えてあった。その放送の二日前、ウェラットさんの仮放免許可が通知され、九日の出所につながった。取材や放送が影響したとは思えないが、放送段階で私も知って）、大橋弁護士や家族らに伝わり（この段階で私も知って）、九日の出所につながった。取材や放送が影響したとは思えないが、放送から五日後の出所だった。

ウェラットさんは、久々の外の世界に何度も「まぶしい」と目を細めた。兄のエルジャンさんが車を運転し、ヌリエさんとデニズくんが迎えに来ていた。

ヌリエさんは二年三カ月ぶりに、息子を抱きしめることができた。

「すごいうれしいですよ。母親にだっこされただけでも本当にうれしい。もう一度生まれ変わったみたい」

ウェラットさんはリラックスした笑顔で、母の背中に手を回していた。ヌリエさんもクルド語で、「すごくうれしい、でも苦しかった」と何度もつぶやいた。そんなふたりのまわりには、ずっとデニズくんがまとわりついていた。

「もう絶対、離れないよ」

ウェラットさんが抱きしめると、デニスくんはくすぐったそうに照れていた。

出所が唐突だったので、撮影クルー全員でロケを組むことができず、私はハンディカメラを片手にひとりで現場に直行していた。

私も彼らの車に同乗させてもらった。ヌリエさんは家族や友人に電話をかけ、ウェラットさんの無事を報告しているようだった。

ウェラットさんは収容前に使っていた携帯電話に電源を入れたものの、「パスワード、なんだったかな」とロックを解くのに苦心していた。ぎこちなく操作しながら、止まった時間を巻き戻すように。そして、写真フォルダを懐かしそうに眺めた。写真にうつるかつて交際していた彼女も、小中学校時代の友人も、収容で疎遠になった。

「これ、お父さん」

父親のムスタファさんが木の下にしゃがんでタバコを吸っている姿も残っていた。ウェラットさんは、ムスタファさんの非業の死の半年後に収容されたため、十分に悼むこともできていないようだった。

「すごい苦しかったよ、収容されてるとき。父親が亡くなったところに行きたいね、戻ったよって、一言いいたい」

懐かしそうにしばらく携帯電話を触ったあと、ウェラットさんはぼんやりと車窓の景色を眺めていた。デニズくんは寝てしまい、車内はとても静かだった。

そうして一〇分ほど経った頃、ウェラットさんのほほに突然、涙が伝った。ヌリエさんの肩に頭を乗せる。ヌリエさんはその頭をなでながら、何も言わずにともに泣いた。再会に安心したのか。父を想ったのか。家族にしか伝わりきらない感情の渦。彼の今を映像に記録しなければと、私はカメラを回した。同時に、他人の私が同じ空間にいることや不躾《ぶしつけ》にレンズを向けていることに申し訳なさを感じた。

「うれしいの涙かなぁ、複雑な気持ち。出てこれてすごいうれしいんだけど、でもなんていうか、残された人のことも考えると、つらいかな。長い時間一緒にいて、いろんなこと一緒にやってきたから、あの人たちどうなるかなって。みんなの母親待ってる、兄弟待ってる」

遠のいていく収容所に、ウェラットさんはまだ思いを馳せていた。

そして同時に、釈放の喜びが永遠ではないことも感じていた。立場は仮放免のままで、いつまた、何かのきっかけで収容されるかわからない。

「自分は出たけど、今後お兄さんが収容される可能性ある、俺もある、これで終わってない」

そう言いながら、ウェラットさんは助手席で眠っているデニズくんの頭をなでた。

車が川口市内に入り、バリバイ家のアパートに近づくと、ウェラットさんに笑顔が戻った。

「コンビニ！　久しぶりね〜。産まれた故郷みたい。一〇年もここに住んでるから」

街の景色が二年前とは変化していたのか、ヌリエさんやエルジャンさんにしきりにクルド語で話しかけ、きょろきょろと窓の外を見ていた。

アパートに着いて車から降りると、ふたたび太陽光に目を細めながら荷物を運んだ。

「ママ、ちょっとダイエットしないとだめねぇ」

重そうな母の身体を支えて階段をのぼりながら、親子は笑っていた。

部屋では、スザンさんがごちそうを作って待っていた。ブドウの葉っぱで包んだひき肉、辛いナスの炒めもの、ヨーグルトのスープ。長く口にできなかった、ふるさとの味だ。ウェラットさんの帰りを待っていた親戚や友人も、一緒に食卓を囲んだ。

「すごいおいしい。懐かしい。入管のご飯もう食べれん」

食事を終えると、親戚の子どもたちが次々とウェラットさんに「遊んで遊んで」と集まった。「私のこと覚えてる？」と笑わせながら、子どもたちをあやしていたウェラットさんだったが、しばらくするとベランダにひとりで出ていった。私が声をかけると、「にぎやかなのが慣れてないから」と苦笑する。私も彼と距離をとった。収容所とのギャップに疲れているようだった。

しばらくウェラットさんがベランダでひとり座っていると、デニズくんが近づいていって、ぴたりと身体をくっつけた。ガラス戸の向こうで「次の二月で、もう一〇歳だね」と話すウェラットさんの声が聞こえた。

心の傷が血を吹き返す

ウェラットさんが収容所から出てきて五カ月後。私は、彼に近況を聞きに行った。家にはヌリエさんと三男のマズラムさん、デニズくんがいて、ウェラットさんはたまたま外出中だった。家族がそろった日々に、心穏やかに過ごしていると思いきや、ヌリエさんは暗い顔をしていた。

ウェラットさんが夜中、うなされるようになったという。

「うぉーうぉーって。たぶん入管の生活のせいね」

ヌリエさんがそう語ると、マズラムさんも続けた。

「夢でたぶん見てる。大声出して泣いて起きたりする。だいぶつらかったから、（筆者注：収容所の）なかが。俺たちが身体を起こしても起きられないの、なかなか。それでみんなで水かけたりして起こしてるの」

同じ部屋で寝ているデニズくんも、ウェラットさんがうなされる声で起きることがあるという。子どもの反応は正直だ。私は直感した。一回や二回の出来事ではなさそうだ。

ウェラットさんが外出から戻ってきたので、私は「生活はどうですか」と何気なく聞いた。

「ママのところに戻ったからよかったけど、精神状態がよくないね。出てすぐは普通だったんだけど、時間が経ってきて精神状態がおかしくなってる」

ウェラットさんは困ったように笑いながら言った。

「どんなふうにおかしいんですか」

「子どもがワーッて騒いでると、頭に何も入らない。人がいっぱいいるときとか、狭いとドキドキする。興奮する。特に狭い部屋に入ると入管のこと思い出すから」

さらに眠りにつくと、収容所での感覚がよみがえり、苦しくなるという。

「『入管やめてやめて』っていつも言ってるみたいね、トルコ語で。ママが言ってたけど。入管のなかで俺がワーッて何回もなって、心がパンクして、頭がおかしくなったことがあった。そしたら病院に行かせないで、ひとり部屋というか、懲罰房みたいなところに連れて行くの。部屋はもう、壁だけ。何もない。その入管のことがまた目の前に出てくるの。

入管にはいつも脅《おど》されてる。また収容させるということも言ってるし。また、あそこに入ったらがまんできない。自殺する。もう本当に耐えられない、二年も三年も」

入管カウンセラーの鵜川晃さんが警鐘を鳴らしていた長期収容による「拘禁性のうつ病」（第二章）。心の傷は、出所して何カ月も経ったあとに血を吹き返すことがある。そのことを、ウェラットさんが身をもって証明していた。

尊厳を奪われた二年三カ月

ウェラットさんは収容所で、どんな景色を見ていたのか。

そこでは尊厳が失われ、死が隣り合わせにあった。

ウェラットさんは収容中、慢性胃炎になったり、顔が腫れ上がるほどの歯痛を起こしたりしたが、数週間たっても医者に診てもらえなかった。痛みを訴えても入管職員は「うそをついているのではないかと勝手に思って、信じてくれない」ことが多かった。同じブロックの収容者数十人がウェラットさんのために集まり、職員に声を上げて抗議したおかげで、ようやく診察につながった。

そうはいかない収容者の姿も目にしてきた。ウェラットさんから見て、日本語のできる人とできない人で職員は態度を変えていた。日本語のできない人を馬鹿にし、見くだす職員もいたという。

「ベトナム人がいて、同じ部屋に。毎日、口から血が出てた。日本語があまりできない。だから……なかなか病院に連れて行かれなかったね。ずっと不安だった。心配だった。もう四〇歳近かったけど、たまに泣いたりしてた」

ウェラットさんの隣室では、病院で治療されることなく、部屋で口から泡を吹いて、けいれんしながら亡くなった人もいた。

そうしたことが身近にあると、自分もこのまま病院へ連れて行ってもらえないかもしれないという不安を感じるのは当然のことだ。

「ちょっとした痛みでも気になる。することないから、自分ですぐ病院も行けないから、小さくても気になって気になって、大きくなる。でも入管は、そういうのはたいしたことじゃないと思ってる」

ウェラットさんたちは、長期収容をやめることや医療体制を整えることなどを意見としてまとめ、サインを集めて提出するといった行動を起こした。しかし、まったく相手にされなかった。そして、自殺者まで出てしまった。前述したインド人のディーパック・クマルさんだ。

「なんか（入管に）期待してたんだけど、遅い。人の人生が奪われた」

その一件以来、ウェラットさんの精神は追い込まれていった。ハンガーストライキにも参加したが何も変わらず、そのことにまた打ちのめされた。

「悲しかった。もうすごいストレスになったし、自分も本当に、インド人みたいに仮放免が不許可になるとか、もういつ出るかわかんないとか考えると、住めないのになんでここ(日本に)いるとかそういうことを考えてた。本当に死のこともいつも考えてた、ひとつの方法として。

やっぱり自分はもう、一二年くらい日本に住んでるから、日本は聞かれたらどこでもわかる。東京とか沖縄、知ってる、わかる。トルコは全然、家の道もわかんない。帰るところもわかんない。で、トルコは帰れない。日本にいたら、ここからいつ出るかわかんない。そのあいだでいつもずっと不安で、ずっと考えて考えて、精神状態がおかしくなってた」

身体の不調はなかなか治療してもらえず、病人は隣室で亡くなり、隣のブロックでは人生をあきらめた人がいる。自分に帰る場所はない。どれほどの絶望だったろう。

ウェラットさんの心は調子を崩し、大声を出さないと落ち着かないこともあった。すると、収容所の「懲罰房」に入れられた。多人数で寝泊まりする一般の部屋ではなく、要注意人物を隔離し、入管職員が二四時間監視する独房だ。

収容から解放されてもなお、一面壁の部屋で感じた恐怖は夢のなかで襲い続ける。

出所から二カ月した頃から、ウェラットさんは精神科の病院に通うようになり、抑うつ症状があると診断を受けた。

2　日本生まれの弟が背負ったもの

父の命日に起きた異変

年末の公園に、バリバイ一家とその友人らが集まっていた。

ヌリエさんを中心に女性たちが、めいめい手作りの料理を持ち寄り、人数分の皿によそっていた。子どもたちは駆け回り、一見、ホームパーティーのようだった。だが、おとなたちのあいだには、神妙な雰囲気が漂っていた。

女性陣に遅れて、ウェラットさんがやってきた。手には大きな花束を抱えていた。

「今日はお父さんが亡くなった日。日本語でなんて言うんだっけ？　あ、『ご冥福』だ。みんなでご飯を作って食べる。そういう文化なの。トルコにはもっとたくさん親戚がいるんだけど」

この日は、父ムスタファさんの命日だ。ウェラットさんはヌリエさんと一緒に、父がみずから命を絶った木の根元へ花束を添えた。そして、しばらくふたりは静かに祈りを捧げた。ヌリエさんの彫りの深い目が、さらに影を増した。

ウェラットさんはポケットからタバコを一本取り出して火をつけ、枝の分かれ目に挿した。タバコの先から煙が立ち上る様子は、線香のようだった。

「ご冥福をお祈りします」

クルド語でつぶやくと、ウェラットさんはヌリエさんの肩を抱いて木から離れた。

ウェラットさんにとっては、初めて収容所の外で過ごす命日だった。

「二〇一五年の一二月二七日だったね。もう三年になるね。お父さん、どのくらいつらい思いしてきたかなって思う」

父の遺体はトルコへ移送したため、公園の木がウェラットさんにとっての墓標だった。

クルド人は「家族」の絆《きずな》が強い。子どもたちが年頃になっても親を大切にしていたり。結婚前の彼氏や彼女も家族同然の扱いを受けていたり。いとこたちが互いの家を出入りしていたり。そんな光景にしばしば出くわした。ウェラットさんはその理由を、「自分たちには、守ってくれる国や法律がないからかもしれない」と答えた。

「ひとりがいなくなったら、みんなでちゃんとその人がいない代わりに残ったことをやる。お互いに慰めるか抱きしめて、お互い力になる。

やっぱり国があったら、もっと自由があったら、たぶんちょっと違ってたと思う。みんな別々になっていたかもしれない。国がないから、家族をその代わりに大切にする。ずっと昔からそうなっているんだけど。そういう文化なんだ」

ウェラットさんたちが祈ったあと、入れ替わり立ち替わり、ほかの親族や友人らが木の下で祈った。髪の毛をツーブロックに刈り上げた二〇代の若者たちも黙りこくり、傷ついた目で遠くを見ていた。

祈りを終えるとみなで輪になって座り、食事をとった。「イスラム教では、死は神様が決めるという考えがあるので、みんな心を落ち着かせるために、神様が決めたんだって自分に言い聞かせてるんだ」と親族のひとりが教えてくれた。

あるとき、行ってみたい場所をウェラットさんに聞いたところ、父との意外な思い出を語ってくれた。

「広島に行きたいんだよね。小さいときにお父さんがいつも言ってたんだ。『アメリカは人殺しの国だ』っていうような言葉。なんでって聞いたら、『日本には核兵器が落とされて、子どもとか人がいっぱい死んだから』って。お父さん歴史が好きで、いつもそういう話をしてた。だから、お父さんも行きたかったたね、広島に。行くチャンスなかったけど。花かなんか持ってってね。その気持ち、俺がしてあげたいけど、(入管の)許可とって行かないとダメ」

遠い中東の地で、大国に翻弄される民族のひとりとして、平和を願いヒロシマを想っていた父。その夢を代わってかなえることも、仮放免の身では難しい。

「お父さん、今もいたらよかったたね。みんなでいたら力もあるし、お父さんいたら、ぜんぜん違うかなって。何しても戻らないけど、お父さんの思い出はこの木で。花と大好きなタバコあげて、これからも生活していくかな」

食事を終えたおとなたちが談笑しているかたわらで、あいかわらず子どもたちは駆け回って遊んでいる。

父との思い出がほとんどないというデニズくんは、年下のいとこが持ってきたゲームに夢中になっていた。

カメラマンの日《ひ》昔《むかし》吉《よし》邦《くに》が、音声の鈴《すず》木《き》優《ゆう》介《すけ》と、デニスくんにレンズを向けていると、彼が遊びながら顔をしかめていることに気づいた。

その直後、デニズくんに明らかな異変が起きた。

突然大きな声で泣き出し、ヌリエさんのそばに座りこんだ。しきりに頭を押さえ、ヌリエさんの膝に顔をうずめてクルド語で叫んだ。

「頭がすごく痛い！　こんなに痛いの初めてだよ」

「頭痛なんて、普段ないじゃない。薬を飲む？　どうして痛いの？」

「わからない。急に痛くなった。痛いよう」

その様子を遠巻きにみていたウェラットさんが、私につぶやいた。

「また始まってる。何かわかんないんだけどね」

デニズくんの急な体調や情緒の変化は、初めてのことではないようだった。

「怒ったり泣いたり、ぜんぜん落ち着かないね。ちょっとしたことでも怒るし。今も頭のこっち、左側が痛いとか言ってる」

「ウェラットさんが収容される前からですか」

「そのときはこういう感じじゃなかった。今はひどくなってる」

私たちが話していると、ヌリエさんがウェラットさんに、デニズくんを病院へ連れて行くよう頼んだ。兄弟は手をつないで病院へ向かった。

その後もたびたび、デニズくんは同様に急な頭痛を繰り返した。入院して検査を受けたが、原因はわからなかった。

この頃からデニズくんは、しばしば学校を休むようになった。

日本生まれでも仮放免

バリバイ一家の五男・デニズくんは、日本で生まれた。

私たちに会うたびに「いぬいー、ひむかしー、すずきー！」と駆け寄ってきた。お気に入りの場所は、図書館の絵本置き場。ショッピングモールのゲームコーナーでは店員とハイタッチする。「ちびまる子ちゃん」が好きだと言い、コンビニで選んだアイスを元に戻さずに叱られていた。まわりの人に迷惑をかけたり怒られたりしながらも、この国で大きくなった。

しかし、日本での在留資格はない。生まれたときから「不法滞在者」とされ、両親と同じ仮放免の身分を与えられている。

在留資格のないデニズくんが地元の小学校へ通っているのは、特別なことではない。

日本では子どもの教育に関して、「教育を受ける権利の保障」と「子どもに義務教育を受けさせる義務」が、日本国憲法で定められている。

第二十六条

すべて国民は、法律の定めるところにより、その能力に応じて、ひとしく教育を受ける権利を有する。
2 すべて国民は、法律の定めるところにより、その保護する子女に普通教育を受けさせる義務を負ふ。義務教育は、これを無償とする。

これらの条文の主語は、「すべて国民は」とある。この「国民」とは、一般的には日本国籍保有者を指すとされ、外国人の教育を受ける権利はここでは保障されていない。それでも、日本に暮らす外国籍の子どもは学校へ通うことができる。それは、日本は子どもの権利条約（児童の権利に関する条約）に批准しているからだ。子どもの権利条約は、すべての子どもたちの命が守られること、医療や教育を受けて育つことができること、暴力・労働などから守られること、自由に意見を表すことができることなどを保障する国際条約で、日本は一九九四年に批准した。そこにはこう書かれている。

第二十八条
1 締約国は、教育についての児童の権利を認めるものとし、この権利を漸進的にかつ機会の平等を基礎として達成するため、特に、

（a）初等教育を義務的なものとし、すべての者に対して無償のものとする。
（b）種々の形態の中等教育（一般教育及び職業教育を含む。）の発展を奨励し、すべての児童に対し、これらの中等教育が利用可能であり、かつ、これらを利用する機会が与えられるものとし、例えば、無償教育の導入、必要な場合における財政的援助の提供のような適当な措置をとる。

「すべての者」と「すべての児童」を対象にしたこの条約に基づき、日本の教育現場は、外国籍の子どもたちに日本人と同一の教育を受ける機会を保障している。そこでは在留資格の有無が問われない。

同じ政府が同じ子どもに対し、一方では入管法違反で日本から排除し、一方では教育を認めている。このふたつの側面に対峙しながら、デニズくんは生きていた。

デニズくんは毎朝、近所の児童らと登校班で列をなして学校へ通う。基本的に日本人の子どもたちと同じクラスで授業を受けるが、決められた時間になると、別室で担当の先生に日本語の指導を受けている。いわゆる「取り出し授業」だ。

私たちがその時間に取材に行くと、デニズくんは自己紹介の用紙を書いているところだった。ひらがなとカタカナを交えて名前や目標を書き、「好きな食べもの」の欄には「おにぎり」とあるのが見えた。

教室には、ほかに数人の外国籍児童がいた。日本語指導の先生は、一人ひとりの様子を見ながら、その子のレベルに合わせて読み書きを教える。多くの子が漢字を苦手とするため、ときには低学年の教科書を使って復習をしていた。

デニズくんは、家ではクルド語、外では日本語で話す。ヌリエさんは日本語がわからないからだ。しかし小学校高学年の多感な時期となり、複雑な気持ちをどちらの言葉でもうまく表現できないことが増えていた。家では家族とぶつかり、学校では友だちといさかいやけんかが起こることも多かった。算数や社会などの教科もだんだん難しくなり、ついていけない。授業に身が入らないことも増えていた。学校を休みがちになっているデニズくんを、先生たちは心配していた。

「言葉がね、うまくできないがゆえに伝えられないっていうのは、子どもたちにとってすごく苦しいことだと思うんです。教室にいれば会話が生まれて自然に覚えるし、いろんなことを子ども同士で情報を得たりとかする。当たり前のことを当たり前にしてもらって、成長してほしいと思うんですよね。なんでかっていうと、日本にいるから。これからも日本の子たちと付き合っていくわけですから」

文部科学省（以下、文科省）の「学校基本調査」によると、全国の学校に在籍する外国籍児童生徒は九万三一三三人（二〇一八年）。在留外国人の増加にともない、子どもの数も増えている。そして同省の「日本語指導が必要な外国人児童生徒の受入れ状況等に関する調査」からは、日本語指導が必要な生徒が四万七五五人（二〇一八年）、一〇年間で一・四倍に増加していることがわかっている。

言語は、物事を考える土台を作り、人とつながる術を与えてくれる。社会で生きていく力そのものだ。母国語も日本語もままならないまま日本で大きくなった子どもたちのなかには、授業についていけないだけでなく、思春期になってアイデンティティを見失い、学校や社会からドロップアウトしてしまう者も少なくない。一方、教員はただでさえ忙しく、クラスに数人の外国籍児童へのきめ細かな対応は難しい。だからこそ、政府や民間からの支援策が求められている。

悲しくないけど涙が出るから

年末に原因不明の頭痛に襲われるようになっていたデニズくんは、年を越してもまだ様子がおかしかった。

私たちが自宅を訪れると、デニズくんがヌリエさんに向かって大声で何かを叫んでいた。

「寝て起きるといつもこれなんだもん。起きたらいつもワーッってするの、デニズが。あと学校からすぐ戻るし、学校行かないね最近」

ふたりの隣でウェラットさんが私たちに言った。

「なんだろう。ずっとお兄さん（筆者注：ウェラットさん自身のこと）がいなくてつらかったし、『お兄ちゃんどこにいる』と言ってた。いまは弟も頭おかしくなってるね」

その言葉が聞こえたのか、デニズくんがふたたび大声を出した。目は怒っている。

「ウワァァァばか！　くそばばあ！　学校は面倒くさいから大嫌いだ！」

「デニズ、なんで？　いじめられてるの？　正直に言って」

「ウワァァアアア！」

ヌリエさんの問いかけに対して返事をする代わりに、デニズくんはドンッと力一杯、壁をこぶしで叩いた。


デニズくんは、とうとう週の半分以上、学校を休むようになった。

公園でひとり遊ぶデニズくんに、私は理由を聞いた。

「どうして学校をお休みしたの」

「だって、ぜんぜんおもしろくないんだもん」

いつもの元気ぶりとは打って変わって、消え入るような声だった。

「さびしい」

「さびしい？　みんなと一緒に授業を受けていても？」

「うん。学校にいるとすぐに涙が出てくる。あと公園（にいるとき）とかも。悲しくはないけど、なぜか涙がいきなり出てくる」


別の日の朝。登校時間の八時を過ぎても、デニズくんは自宅のストーブの前で、ヌリエさんと膝をつき合わせて座っていた。デニズくんはパジャマ姿のままだった。

「早く着替えて」

「いやだ、いやだ」

「なんで？」

「いやだ、いやだ」

「立ちなさい、デニズ。困った子ね……」

大好きな兄が収容され、母は泣き続けて二年以上が過ぎ、兄は帰ってきてもうなされている。デニズくんも強いストレスを感じているのだろう。

ヌリエさんは、悔いていた。

「いろんな問題はすべて私の責任。私が彼らをこの世界へ連れて来た。だから、私が解決してあげないといけない。でもどうすればいいかわからない」

3 彼らは〝市民〟なのか

自由を願うネウロズで

二〇一九年三月、さいたま市の秋ヶ瀬公園はまだ肌寒さが残っていた。それでも春はもうすぐそこ。芝生の広場には、日本クルド文化協会のメンバーが新年を祝う声が響いていた。

「クルド民族万歳。ほかの民族にも幸あれ。ネウロズおめでとうございます。ネウロズというのは『新しい日』という意味です。ネウロズは春の始まりであり、冬の終わりという意味でもあります。世界中に散らばるすべてのクルドの人々に対して、新年の心からのお祝いを極東から送りたいと思います」

クルド人の伝統的な祭り、「ネウロズ（Newroz）」の始まりだ。首都圏に暮らす数百人のクルド人に混じり、バリバイ一家もそろっていた。

ウェラットさんにとっては、三年ぶりの参加だ。

「クルド人は自由になれるんじゃないかっていうのを、ネウロズで願ってるんだ」

みなが、この日ばかりはクルド人として生きる苦悩を忘れ、音楽に身を任せて踊っていた。

会場には、日本で新たに増えた親戚も一堂に会していた。

ヌリエさんの甥・アイデンさんは、日本人の美羽《みわ》さんと結婚し、生後三カ月の女の子を連れていた。ベビーカーで眠るその赤ちゃんを、ほかの子どもたちがのぞきこむ。そして、美羽さんに日本語で問いかける。

「名前は?」

「未來《みら》、だよ」

「上の名前は?」

「バリバイ、一緒」

子どもたちは代わるがわる、バリバイ一家の新しい一員の頭をなでていた。

祭りが終盤となった夕方。ウェラットさんのスマートフォンに、一本の電話がかかってきた。

「もしもし、元気?」

東日本入国管理センターに収容されているクルド人の友人からだった。私たちは相手の許可をとり、会話を聞かせてもらった。

「昨日でちょうど二年になった。なんでこんなに長く収容されているのか。いつ出してくれるのかと聞いても、入管の答えは『わからない』だ。深刻な病気にでもなれば出してくれるかもしれない。

ストレスで三~四分に一回、心臓が押しつぶされるような感じになるんだ。首を絞められるような感覚に襲われて、息ができなくなる」

あのときと一緒だ……。一〇カ月前、収容中のウェラットさんからヌリエさんにかかってきた電話と重なった。

ウェラットさんも収容当時を思い出しながら返答していたようだ。

「わかるよ、狭いところに閉じ込められていたら、誰だってそうなるよね」

「血圧がすごく高くても入管の人が医者に『大丈夫。問題ないですね?』と念押しする。それを聞いた医者も『大丈夫、問題ない』と言うんだ」

声の主も体調への不安が、どんどん大きくなっているようだった。

ウェラットさんは祭りの中心会場から離れ、踊る仲間たちに背を向けて、地面を見ながら話を続けた。

「すぐ出られるよう願っているよ」

「面会に来てくれるかい？」

「行くよ、来週行く。一週間から一〇日くらいのあいだに行くよ」

友人は独身のため、面会に来る家族もいないという。電話を切ると、ウェラットさんは少し緊張した面持ちで言った。

「今日は、全部忘れちゃう日だったけど。いま茨城（筆者注：牛久）の友だちから電話来て、自分はまた心がつらくなった。

やっぱり現実はいつもあるから。どうやってこれから日本で生活していくのか。考えないといけない」

自分は収容から解かれたが、また収容される可能性のある仮放免の身だ。「自由」からはほど遠い。

「ちょっと寒いね」

ウェラットさんは小走りで、家族の待つ会場の真ん中へ戻っていった。その背中は小さくなっていき、スピーカーから流れる「ネウロズ！　ネウロズ！」という歌声だけが響いていた。

新しい在留資格の創設

その年（二〇一九年）の四月、入管法が改正された。

人手不足を補うため、「特定技能」という新しい在留資格を創設し、日本は外国人労働者の受け入れを拡大することにしたのだ。

「特定技能一号」は、介護、ビルクリーニング、電気・電子情報関連産業、建設、造船・舶用工業、自動車整備、農業、漁業、外食業など一四分野で働く、「相当程度の知識又は経験を必要とする技能を要する業務に従事する」外国人向けの資格。上限五年までの更新制で、基本的に家族の帯同は認められない。「特定技能二号」は、同じ分野で「熟練した技能を要する業務に従事する」外国人に付与され、上限はなく要件を満たせば家族の帯同も認められる。

これまで外国人が就労目的で滞在するには、医師や教授などの専門職か、発展途上国への技術移転を目的とし、五年以内に帰国することを前提とした技能実習に限られていた。いわゆる単純労働の分野で外国人が継続的に働くことを認める、初めての改正だ。

ついに日本で働きたい外国人への門戸が開かれたのかと思われた。だが、安倍晋三《あべしんぞう》首相（当時）は、この法律の改正案が国会に提出される頃、立憲民主党の枝野幸男《えだのゆきお》代表の質問に対し、これは移民政策ではないとして、以下のように答弁した。

政府としては、いわゆる移民政策をとることは考えておりません。たとえば、国民の人口に比して、一定程度の規模の外国人およびその家族を期限を設けることなく受け入れることによって国家を維持していこうとする政策をとることは考えておらず、今回の制度改正はこの方針に沿ったものであります。

すなわち、新たな受け入れ制度は、深刻な人手不足に対応するため、現行の専門的、技術的分野における外国人の受け入れ制度を拡充し、真に必要な業種に限り、一定の専門性、技能を有し、即戦力となる外国人材を期限を付してわが国に受け入れようとするものであります。

（二〇一八年一〇月二九日、第一九七回衆議院本会議）

現在、特定技能一号（上限五年）の外国人は八七六九九人。二号（上限なし）の在留はない（二〇二〇年九月末時点）。

この新しい制度に、難民申請中の者や在留資格がない外国人は対象とならない。そのため、たとえばウェラットさんのような人が「特定技能」を付与されることはない。

外国人労働者の受け入れが拡大されても、仮放免の人は働けないままだ。

市担当者は「彼らは市民です」と言った

これまで外国人との共生に取り組んできた川口市。自治体として、仮放免の人が多く暮らす現状をどう考えているのか。川口市の多文化共生係の川田《かわた》一《はじめ》係長（当時）に話を聞いた。

市内の在住外国人は、ここ五年でおよそ一・五倍に増えている（二〇一九年一月時点）。一方、クルド人のような在留資格のない外国人は住民登録ができず、何人いるのか、どこに住んでいるのか把握できていない。

「一定数いるというのは、まちがいありません。ただし、行政ですから納税の義務があって、それに対する行政サービスを受けていただくという関係があります。

そもそも住民基本台帳にも載っていないことから、納税の義務を果たしていただくことができない。就労もできないし、そのうえで納税の義務を果たしていただけないとなると、それに対応する行政サービスを受けていただくことが、なかなか難しいというのが率直なところです」

ときには、住民票がないために通知を受けられず、子どもを学校へ通わせるタイミングを知らない家庭もあるという。

「自分のお子さんが、就学期になっても学校に行かせないままになっているというケースもあります。通訳をともなって現地調査に行って、そのことがわかりました。そのときは、たまたまお子さんがまだ年齢的に達していなかったので、『次の年、学校に上がる年齢になりますので、ぜひ市役所へ相談に行ってください』とお伝えしました。実際には、お子さんが何歳から学校に行くものだとか、教育を受けさせるというようなことが、親御さんにあまり浸透していないケースもあるのかな、というふうに考えています」

納税の義務を果たせず、住民としてのサービスも受けられない。そうなると、川口市で暮らす仮放免の人々は、「市民」といえるのだろうか。

「そこで暮らしている以上は、やはり市民なんじゃないかなと捉えております。たとえば、ある町会では、地域で暮らしているクルドの人たちと交流会のようなものもおこなっており、より相互理解を深めて、共生していこうという動きもあります。『在留資格がないから市民じゃない』という見方は、ちょっとおかしいかなと思います。

おそらく、そもそも仮放免という制度自体が、長期間ということを想定していないのではないかと思われます。しかし、実際には一〇年、二〇年といったような長期化が、どんどん進んでしまっている。さらに、親御さんが仮放免になると、そのお子さんも仮放免になってしまう。『世代間の連鎖』のようなものが起こってしまっているんです。こういった仮放免の長期化とか、クルドの人たちの人数がどんどん増えていってしまっているという現状に対して、一自治体として対応していくのは限界があります」

自治体も手をこまねいている、というのが実際のところだった。

バリバイ一家と出会ってからわかったこと。それは、国の制度や行政サービスの届かない「市民」が、すでに多く存在していることだ。好む好まないにかかわらず、それがこの国の現実であった。

外国人へのまなざし

行政の支援を受けられないクルド人をサポートする人々がいる。地域のボランティアだ。週に一度、市内の公民館でクルド人の子どものために、「クルド日本語教室」が開かれる。パイプ椅子と長机を並べた部屋に、毎回一〇人程度のクルド人の小学生が座り、その脇で日本人ボランティアが日本語学習や学校の宿題を手助けしていた。

「今日は何?」

「宿題でしょ」

「いっぱいある?」

「二個だけ〜」

漢字ドリルに悪戦苦闘する子。歴史の古墳の問題をすらすらと解く子。筆算に頭を悩ませる子。子どもたちがスタッフに質問しながら、指導はなごやかに進められていた。親も一緒に参加し、役所や学校のプリントに書かれた日本語の意味をスタッフに質問している姿もあった。

川口市には、さまざまな外国人を対象とした教室が一九あるが、どれもボランティアが支えている。教える側の人たちに話を聞くと、そうした場は日本人にとっても貴重だという声があった。

「興味があればいろいろなところでクルドの方たちがお祭りとかやっていますから。そういうところに行けばね。それがないと、あんまり接点ないんじゃないかなと思います。私もこれが初めての、クルドの人との接点でした」（クルド日本語教室スタッフの男性）

「ここの教室の存在も本当に〝ごま一粒〟くらいな感じはしますけど、ないよりはあったほうがいいかなと思うので。ひらがなが書けてなかった子どもが、三年生になってすらすら作文が書けるようになると、わが子のように『上手になってきたね』って思えるので、たくさん喜びをもらえてうれしい場所だなと思っています」（クルド日本語教室スタッフの女性）

このように国や行政が届かないところで、支えたり支えられたり、教えたり教えられたりする人間関係が築かれている。一方で、クルド人に対する日本人の冷ややかな目線があることも現実だ。私たちは取材中、いくどとなくそれを痛感した。

たとえば公園で撮影をしているとき、近所で暮らす人から声をかけられた。取材の趣旨を説明すると、顔をしかめて返答された。

「ああ、外国人の取材。迷惑を受けてるってこともちゃんと報じてね」

くわしく話を聞きたいと言うと、その人は足早に去っていった。

在留資格のあるクルド人が解体現場で働く場面を取材した際には、隣家の主が出てきて「この人たちはちゃんとルールを守って働いているのか」と、彼らにではなく私たちに聞いてきたこともある。

ほかにも、「集まって大きな声でしゃべるからうるさい」「コンビニ前にたむろしていてマナーが悪い」「子どもが騒がしいので注意してほしい」「若い女性が声をかけられて怖い」など、直接的にも間接的にも、クルド人に対するさまざまな苦情を耳にした。

些細なことで通報されたり、警察の事情聴取を受けたりするケースもあった。弁護士のなかには、「日本人ならここまで厳しくされるだろうか」と疑問視する人もいた。

確かに、彼らの生活態度は日本人のそれとは異なる。大人数で集まることが多く、大きな声を出すこともある。感情的な人も少なくない。地域や店のルールやマナーを十分知らないまま暮らしているため、その無知な部分に腹が立つのかもしれない。実際にトラブルがある場合は、対策が必要なこともあるだろう。

だが、そういう日本人は、彼らがなぜ日本にいるのかを、なぜ日中から仕事もせずに公園に寝そべっているのかを、知ろうとしてきたのだろうか。おたがいに素性を知らないまま、年月だけが経ってきたのかもしれない。

日本政府は、難民を一％未満しか認定せず、「移民政策はとらない」としてきた。人数すらカウントされない外国人の存在は見て見ぬふりをし、見つけた場合は排除する。排除するためには、先の見えない収容も辞さないルールになっている。

実情を知ろうともせず、その政策を無言のうちに支持しているのは、同じ「市民」である私たちなのである。

4　ただ普通に暮らしたいだけ

日本のご飯食べているし、友だちも日本人だし

「なんか、自分たちは『いない』みたいなんだよね」

ウェラットさんは、仮放免の身であることをそう説明した。

それは単に住民票がないことを意味しているのではない。

「仮放免になると、車買えない。家は自分の名前で借りれない。電話、自分の名前で買うことできない。

ちゃんと税金払いたいし、日本住んでるから、日本人の会社でも仕事やりたい、日本人と一緒に。そういうのできる。手がある、足ある、全部ある。でもその権利、許可がもらえない。それは『いない』と同じ。保険だって、ちゃんと自分の保険で病院に行きたい。たまに日本の違うところ、いいところ行ってみたい。でも、何もできない」

一〇年以上を過ごしながら、自分の存在を証明できない日本という国を、ウェラットさんはどう感じてきたのだろうか。私たちはウェラットさんと、日本に来て最初に住んでいた家や通っていた学校の近くを歩くことにした。

その日は、ぱらぱらと小雨が降っていた。住宅地の脇を流れる川沿いには、数羽の鳩が集まっているだけだった。

「イスラム教で、雨はよいこと。雨が降ったら、悪いことが全部なくなる、いい人、いいことだけが残る。なんというか日本語でわからないけど、悪いことは全部なくなるっていう意味があるんだ」

バリバイ一家は、みなイスラム教徒だ。トルコの小さな村で羊に囲まれて育った少年が、宗教も文化も違うこの国へやってきて、最初に過ごしたのは川沿いの小さなアパートだった。雨打つ川面《かわも》をウェラットさんは懐かしそうに見ていた。

「子どもの頃、ここでよく遊んだね。ずっと川だけ、俺と川だけでさびしかったけど、ひとりで歩いてた。自転車に乗ったりとか。ちょっと川が力になったね。ここが日本の人生が始まったところ」

ウェラットさんは当時一二歳。トルコの村に置いてきた子犬や、遊んだ友だちにまた会えるかだけが気がかりだった。日本のショッピングモールで生まれて初めてゲームを見て「緊張した」。岸辺に雑草の茂る川だけが、故郷の景色を思わせた。

難民申請の結果を待ちながら、中学校の三年間を日本人とともに学んだ。そこで知った日本という国は、ウェラット少年にあたたかな衝撃を与えた。

「そのときは日本にまだ友だちもいなかったし、さびしかった。けれど、クルド人であることで何か恥ずかしいことあるみたいに人から言われるのは、そういうのは何もない。みんな優しい。日本語わかんないけど、笑ってくれるから。それが一番感動的だった。学校もそうだし、先生、一生懸命、俺にひらがな・カタカナとか日本語教えてくれた。日本語わからないからすぐ怒ったりとか殴ったりとかじゃなくて、一生懸命、俺に教えてくれてたの。それが一番好きだったの、日本の」

祖国の学校では、トルコ人とクルド人は子ども同士でもけんかが絶えなかった。また、クルド語で話すとおとなたちから大きな声で怒られたり殴られたりした。それは「迫害」とも「人種差別」とも定義できないレベルなのかもしれない。だが、ウェラットさんは子ども心に「民族が違えば争う」「自分たちは虐げられる」ものだと思って育ったのだ。

ところが、日本は違った。民族が違っても、笑ってくれる。わからなければ、教えてくれる。それは、社会で他者に尊重された、数少ない経験だったのかもしれない。

中学校に通いながら、放課後はボランティアによる日本語教室へも行ったウェラットさんは、両親や兄たちよりも日本語が上達した。クルド人の家族や友だちとはクルド語で話すが、トルコ語は忘れている部分が多いという。

「話しているときは、いつも日本語が混じったり、トルコ語が混じったり、クルド語が混じったり、もうグチャグチャになって、自分でもわかんない。だけど、トルコ語とかクルド語よりは、何か日本語のほうがいっぱい出てくるね」

そうして日本で過ごしているときに、世界ではクルド人が戦地に立っていた。二〇一四年のシリアでは、アメリカの後方支援を得たうえで、多くのクルド人兵士がイスラム国との戦闘を担った。

ウェラットさんはそのことを報道で見聞きしながら、自分のルーツについて改めて考えていた。

「正直、シリアのクルド人が、クルド人のためにも、世界のためにも、ああやって戦っているのを見ると、『クルド人だな』って、いつもそれを誇りとして思ってるね。クルド人で生まれてよかったけど、やっぱり自分の国があってほしかったね。クルド語で学校に行きたかったし、みんなが差別されないところがほしかったね」

私は、「もし平和だったらトルコへ帰りたいか」とたずねた。

するとウェラットさんは、笑いながらこう答えた。

「いや、自分は戻りたくない。ずっと日本住んでるから、日本の文化も慣れてきているし、日本のご飯食べているし、友だちも日本人だし、何かもう、たぶんそれしか生活できないね。日本じゃないと生きていけないと思う。もうたぶん、死ぬまでですよ」

私たちは川沿いから住宅街へ入っていき、ウェラットさんの通った中学校に向かった。

「そう、一番こっちのクラス。ここで勉強してた、二階のところ」

当時と変わらない灰色の校舎が雨に濡れ、窓の向こうに人影はなかった。

中学を卒業したあと、ウェラットさんは高校への進学を希望したが、経済的な理由であきらめた。そしてその頃、仮放免の自分には就職という選択肢がないことを知らされた。

「今はみんな仕事したり、結婚したりおとなになっちゃったかな。自分は仕事もできないし、保険もない。同じ学校行って同じ勉強したけど、今いる状況がぜんぜん違う。全部違う。やっぱりそこは何か悔しいというか。自分も一生懸命、許可もらえれば仕事ちゃんとまじめにしたいし。いろんなこと、日本でできることしたいし。でもそういうチャンスがない。くれない。簡単に言えば、許可がもらえない。

そこら辺は全部一緒になってほしかったね。同じ人間だから」

学校の前で、しばらくビニール傘に当たる雨音だけが聞こえていた。

回していたカメラを止めると、日昔カメラマンはウェラットさんと黙ったまま肩を組んで車に戻った。

少年が将来を描くとき

二〇一九年春。新学期が始まり、デニズくんは五年生になった。

学校を休みがちな日は続いていたが、突然私に「やまとに会う?」と聞いてきた。

デニズくんがいつになく楽しそうに私たちを案内したのは、隣町の居酒屋だった。開店前の店内へ、デニズくんが慣れた様子で入っていくと、よく日に焼けた少年が奥から出てきた。

隣の小学校の五年生、やまとくん。地域のサッカーチームに所属する、スポーツ少年だ。

「走っていい？」

私たちにそう聞くとふたりはサッカーボールを抱え、ダッシュで公園へ向かった。

ふたりは、サッカーを通じて仲よくなった。

乾「なんで友だちになったの？」
やまとくん「公園にひとりで遊びに来たとき、『友だちになろう』って」
デニズくん「で、友だちになったー！」
乾「デニズくんは、やまとくんのこと尊敬してるんだって？」
デニズくん「そう！」
乾「どこを？」
デニズくん「うーん……足（が速いところ）！」
乾「やまとくんは、なんでデニズくんと仲よしなの？」
やまとくん「優しいから。ふたりで遊んでるときとか、優しい」

ふたりは、しばらくベンチをゴールに見立ててシュートの練習をしたあと、ほかにも集まってきた小学生たちとドッジボールを始めた。

やまとくん「おーデニズ、手加減ね！」
ほかの子ども「何それ～手加減しすぎ」
デニズくん「ゆっくり当ててあげるよ～」

子どもたちの笑い転げる声が公園に響く。

日が沈む頃、子どもたちは解散し、デニズくんはやまとくんの両親の営む居酒屋へ寄った。

お母さんが、ラムネをサービスしてくれ、「これも好きだよね」と梅干しを出してくれた。

デニズくんはうれしそうに一粒ほおばった。

デニズくんとやまとくんが並んで座ってラムネを飲んでいる。あれだけ走り回ったのに、少年たちの全身からはエネルギーが満ちている。私はふたりに、将来何になりたいのとたずねた。

やまとくん「サッカー選手か、お店、ここの」
デニズくん「俺、やまとと同じになる！　おとなになったら。同じサッカー選手か、一緒におやる！」

やまとくん「うん、いいよ！」

ふたりは満面の笑みで、残りのラムネを飲み干した。

この他愛もない会話に詰め込まれた夢は、生まれたときから非正規滞在者とされるデニズくんにはかなえようがない。そのことを知る日が来なければいいのに……、と私は思った。

デニズくんのような子どもたちはいずれ成人する。みな、自身は迫害を受けた経験のない、「日本しか知らない外国人」だ。にもかかわらず、今のまま日本で成人を迎えたら、知らない祖国への退去強制命令が下される。拒否すれば「退去強制拒否罪（仮）」が適用されてしまう可能性まで出てきた。

大橋毅弁護士ら弁護団は、こうした日本生まれで仮放免の若い世代と集団訴訟を起こしている。日本で育った背景から、在留特別許可を求めるものだ。この行く末によっては、デニズくんたちの未来も変わるかもしれない。

夢はないけど、希望は捨てない

やまとくんと遊んだ日の夕方、やまとくんの所属するサッカーチームに入りたいと、デニズくんはウェラットさんに相談した。

ウェラットさんは、弟がそんな相談を持ちかけてきたことを喜んだ。

「すごいうれしいよ、やりたいことあるのが。夢がさ。もしかしたら、よいサッカー選手になるかもしれないよ～。うちの弟ちゃんが！」

結局、デニズくんの希望したサッカーチームは、練習や合宿に費用がかかることがわかり、入団をあきらめざるをえなかった。後日、ウェラットさんは費用の払えそうなクラブを探し、ふたりで見学に行くことにした。

「夢を持ってほしい。ちゃんとそれを追いかけてほしい」

ウェラットさんは、自分の少年時代をデニズくんに重ねていたのかもしれない。


ウェラットさんは、二〇一九年三月で二四歳になった。音声の鈴木と同い年だ。

ある取材中、撮影の日昔と音声の鈴木が周囲の風景を撮っていたとき、少し離れたところでウェラットさんが私に声をかけてきた。

「鈴木さんは、なぜ音声マンをしてるの？」

音声の鈴木は、将来カメラマンになることを目指しているため、音声収録の仕事をしながら、巨匠である日昔の撮影をそばで見ながら学んでいた。私が「彼はカメラマンになるのが

夢なんだよ」と何気なく答えると、ウェラットさんは、

「いいね、夢があって」

と言った。

私は〝はっ〟とした。

たった半径数メートル以内に、夢を持つことができる二四歳と、持つことができない二四歳がいた。

ウェラットさんは、もう自分の夢について考えることはやめたと言った。少年の頃に描いた警察官になりたいという夢も、青年になってあこがれた飲食店を出すという夢も、今はもう捨てた。

収容から解かれた今、ただただ思うのは家族のことだった。

「家族の力になりたい。何も困らず生活してほしい。好きなもの買って、好きなところ行ってほしい。今までのことを忘れるために。そうさせたいけど……かなえばいいな」

ウェラットさんは、仮放免の更新のために、二カ月おきに品川の入国管理局を訪れる。入管の入り口で見送る私たちに、毎回、彼は「このまま出てこなかったら収容されたと思って」と言った。待ち時間が長いときもあり、はらはらさせられた。

〝更新〟のはんこが、今までもこれからも、ウェラットさんの生活をぎりぎりのところでつなぐ。

桜が散り始める頃、更新のあとで牛久市の東日本入国管理センターへ行って、収容中の友だちに面会するというので、私たちも合流した。

結局、ウェラットさんは行かなかった。収容所に足を運ぶことが、まだつらいようだった。自分だけ出てきたという負い目も消えていなかった。風に舞う桜の花びらを眺めながら「また今度行くよ」と言ったが、そのあとどうしたのかはわからない。

家族がいつも集まる公園は、夜になると街灯ひとつにぼんやりと照らされた。

ウェラットさんは眠れない夜、亡くなった父を思って、そこに足を運ぶ。

「どうも、調子はどう。僕は別に変わりないよ。タバコを吸って」

木に手をついて、タバコをかざしながら亡き父に話しかける。

「お父さんに会いたい気持ち。ここに来ると落ち着くから。夢はなくなったけど、希望はなくならない。お父さんからいつも、『いじめられても、迫害されても、何があっても、希望をなくすな』って言われてて、それは本当だなって思ってる。希望がなくなったら、人間は死んでると一緒。『希望をなくさないで』。いまだに心に、頭に残ってる。生きる意味がある」

どこの国にも居場所がない人生を、父の言葉が支えている。

ヌリエさんの「希望」は、なんだろうか。

「わからない、なんて言えばいいか。私たちは普通の生活がしたい。収容されることなく平和に暮らしたいだけ。家族に幸せな人生を送ってほしい。この国で何も悪いことが起こらないことを祈っています。私たちはここしか行き場がないのです」

〝難民〟と認められず、〝外国人労働者〟にもなれないバリバイ一家。

家族でそろって普通に暮らしたいと願い続け、来日から一二年目の春が過ぎていこうとしていた。

夜の公園を見下ろす建物から、偶然、打ち上げ花火があがるのが見えた。

あとから聞いたところによると、令和への改元と川口市中核市移行一周年を記念した花火大会だという。

時代が、街が、変わっていくのを祝うその光は、バリバイ一家まで届いてこなかった。

第二部　「移民」と私たち

第四章　それでもジャパニーズドリーム

1　移民の集まる団地で

日本に「移民」は存在する

ここまで、クルド人のバリバイ一家を通して、日本に暮らす「難民」の現実について述べてきた。

ここからは、「移民」の話をしたい。少し古い話にはなるが、数年前に取材で出会った人々について記す。

日本では、「難民」と「移民」が混同されることがあるが、両者の意味は大きく違う。

すでに述べたように「難民」（refugees）は、人種や宗教、政治的意見などを理由に迫害を受ける恐れがあって母国を逃れた人々のことを指す。このことは難民条約に定義されている。

一方、「移民」（immigrants/emigrants）には、厳密な定義はない。国連広報センターは、「移住の理由や法的地位に関係なく、定住国を変更した人々を国際移民とみなす」とし、移動期間によって短期的移住・長期的移住（恒久移住）と区別するのが一般的だとしている。

この定義に当てはめると、日本にはすでに多くの「移民」が存在することになる。日本の在留外国人は二八八万五九〇四人（二〇二〇年六月末時点）と三〇〇万人に届く勢いだ。

しかし、第三章でふれたように日本政府は「移民政策はとらない」とし、技能実習制度や「特定技能一号」など、いわゆる単純労働者の在留資格には滞在期間に上限を設け、基本的には帰国を前提としている（二号になれば上限なし）。政府は、この二九〇万人弱すべてを「移民」とは捉えてはいないのだ。

では、政府が「移民」をどう定義しているのか。二〇一八年の国会答弁で、安倍首相（当時）はその定義を聞かれ、「さまざまな定義で用いられており、（中略）一概にお答えするのは困難」と答えを避けている。

参考になるのは、二〇一六年の自民党内プロジェクトチーム「労働力確保に関する特命委員会」の定義だ。「『移民』とは、入国の時点でいわゆる永住権を有する者であり、就労目的の在留資格による受け入れは『移民』にはあたらない」としている。つまり、ここでは「移民」は、永住権を持つ外国人＝「永住者」「特別永住者」の在留資格を持つ外国人に限っている。

とはいえ、そのふたつの在留資格保持者だけでも合計一一〇万人を超え、年々増加している。どの定義に沿っても、日本に「移民」が存在することは、もはや否定しようのない現実だ。

それらの点を踏まえたうえで、ここでは「移民」を「日本に定住することを選んだ外国人」と捉える。在留資格は「永住者」かもしれないし、現在はそうではないが将来的に「永住者」を取得する人かもしれないし、日本人と家庭を持った人かもしれない。資格の別は問わず、そうした人々の生きている実態を捉えたい。

私は、NHK静岡放送局に勤務していた二〇一五年に、「移民」の集まる団地に足しげく通っていた。

俺らレペゼン東新町団地

日曜日の昼下がり。その団地の片隅に、煙が立ち上っているのが見える。近づいていくと、数人の住民が網で肉を焼いていた。

「よかったら、ぜひ来てください。せっかく休みだからね、集まってバーベキューとかやってます。ブラジル人の焼肉ですけど、バーベキューです。味付けは塩。おいしいよ」

彼らは、日系南米人。ブラジルやペルーにかつて移住した日本人の子孫で、豊かさを求めて日本にやってきた「移民」たちだ。

「日本に何年ですか？」

私が聞くと、中年の男性が答えた。

「二〇年」

「仕事は？」

「いろいろな仕事、あるじゃん。鉄工所」

別の男性も答えた。

「建物の解体じゃん。するじゃん。給料いいじゃん。でも危ないね」

語尾に「じゃん」をつけるのは、静岡の方言だ。それだけ地域になじんでいるのだろう。

「危ない」仕事がない休日、団地の片隅でのバーベキューが息抜きのようだった。


彼らが暮らすのは、静岡県磐田《いわた》市東新町《とうしんちょう》団地だ。県営住宅で間取りは三部屋。家賃は二万円前後。全部で二四〇世帯、六二〇人あまりが暮らす。そして、日系人などの外国人が、居住者の半数以上を占めている。

棟と棟のあいだでは、浅黒い肌に大きな目をくりくりさせた南米ルーツの子どもたちが裸足でサッカーボールを追いかけ、母親同士が立ち話をしている。聞こえてくる言葉は、日本語だったり、スペイン語だったり、ポルトガル語だったり。団地をぐるりと囲む田んぼの風景からは想像もつかない光景だ。

日系人の多くは、バブル期の一九八〇年代後半から来日した人たちだ。

静岡県西部には、浜松市や磐田市など、ヤマハ発動機やスズキといった世界的な輸送機器メーカーが立地する製造業の街が連なる。彼らは、地域に集中する自動車部品や機械などの工場で、おもに派遣労働者として働いている。

一方、同じ団地に住む日本人で多いのは、高齢者。独り暮らしも少なくない。

東新町団地は、子育て世代の外国人と高齢の日本人が身を寄せ合って暮らす場所だ。私は、どんな人々がどんな思いで暮らしているのだろうと興味を持ち、取材を始めた。

二〇一五年一〇月、団地のベンチで電話をかけている男性がいた。

「もしもし、こんちは。ウォン朝彦《あさひこ》っていうんですけど。自分ちょっと仕事探してて。ペルー人で。うん、はい、生まれは日本ですけど」

ウォン朝彦さん、一九歳。日本生まれで国籍はペルーの、日系ペルー人だ。

彼はそのとき、無職だった。仕事探しはしていたものの、日中に時間があった。私が声をかけて取材の趣旨を話すと、「暇だからいいですよ」と付き合ってくれた。

彼は、団地二階の角部屋に住んでいた。メッキのはがれた階段をのぼって、重いドアを開けると、キッチンとリビング、そして寝室があった。

リビングの隅の棚の上に、幼い頃の朝彦さんの写真が飾ってあった。現在の強面《こわもて》とは裏腹に、癖毛《くせげ》に大きな瞳の、少女のようなその写真を見ながら朝彦さんが笑った。

「よく言われるんですよ、『似てない』っていうか『本人じゃない』みたいな」

こぢんまりとしたキッチンのシンクには、ラーメンを食べたあとの皿やゴミが散らかっていた。そこには日本では見慣れない香辛料の袋があった。私がそれを見ているのに気づいた朝彦さんが、

「それさっき自分がやったやつなんで、めっちゃ汚いんすけど。ペルーのやつ、これつけたら味出るんで、めっちゃおいしいっすよ」

と笑って教えてくれた。日本のインスタントラーメンにペルーの香辛料。彼がお気に入りのアレンジだ。

朝彦さんは今、工場で働く父とふたり暮らし。母は、祖母の世話のためにペルーに戻っている。

「自分のお母さんは（自分を）ここに置いたままペルーに戻ったんで。全部あわせて四年ちょい会ってないんで、さびしいですね」

二〇歳目前の大柄な男が、ほとんど初対面の私に向かって「お母さんに会えなくてさびしい」と素直にこぼす姿に、私はほほえましさを感じながら、彼の家族に会ってみたくなった。

朝彦さんと知り合ったのは、何やら団地でラップをするグループができたらしい、というウワサを聞いたのがきっかけだった。

ラップグループ「GREEN KIDS」。団地のまわりに広がる〝田んぼのなかで育った仲間〟という意味だ。朝彦さんはリーダーを務めている。

休日の午後、朝彦さんたちがラップの練習をすると聞いて同行した。

一〇代から二〇代の八人組。ほとんどが、団地に生まれ育った日系南米人の三世や四世だ。オーバーサイズの服にキャップをかぶり、日本人離れした顔つきの面々は威圧感が漂う。しかし、話しかけると意外と人なつこく、それぞれ話し始めた。

「自分は、生まれは日本です」

「俺、ブラジル生まれ。一二歳までブラジル」

「みんな中卒です。中退したっていうか、やめちゃって、仕事とラップに集中しようと」

彼らの多くが日本の小中学校に通ったあと、製造業の工場や解体現場で働いている。休日に集まっては日本語ラップを作り、プロモーション活動やスタジオを借りる費用を出し合って、プロデビューを目指していた。

団地の集会所の前で、彼らは輪になって身体を揺らす。

♪　ブラジル国籍日本育ち
隣にはいつも仲いいお友だち
まわりから見たらしょうもない街
夢に向かって集まった悪い男たち

誰のため これじゃダメ
これが金になるため 飛び壊す壁
今日は言わせる「こいつはやベー」
そのためにでっかく広げる羽

GE ダブル E to da KIDS ビッグリスペクト　団地のホーミー
レペゼンするのは田んぼのど真ん中
なにもなくても 歌い続けた

「レペゼン」は、英語の represent から来ているラップ用語で、出身地や地域の代表をあらわす。彼らは「レペゼン東新町団地」。日本で生まれ育った日系人として、感じることや伝えたいことを歌詞に綴っている。

朝彦さんは、日本で歌手として成功するという夢を抱いていた。

ふたつの祖国のあいだで

一一月の肌寒い午後、朝彦さんは団地から車で三〇分ほどの、JR掛川《かけがわ》駅にいた。この日は、朝彦さんが待ち望んでいた日だった。母親がペルーから帰ってくるのだ。ひとりの女性の姿を見つけ、朝彦さんは近づいていく。小柄で目のぱっちりしたその人は、朝彦さんを見つけるとたちまち抱きついてきた。

「こんにちは。かわいい息子！」

「大丈夫？」

「うん、とっても疲れたわ」

朝彦さんは少し照れながら、私に母親のワウケ・マリアさんを紹介した。

「お母さんです」

ペルーから帰国した母マリアさんと迎えに来た朝彦さん

「私のかわいい息子～」

「お母さんやめてよ」

マリアさんは、朝彦さんからなかなか離れようとしない。スペイン語で久々の再会を喜んでいた。

朝彦さんの運転で、ふたりは団地へ向かった。

一家は、団地で暮らして一九年。三人キョウダイの兄と姉はすでに団地から巣立っていた。

大荷物を部屋へ運び込むと、仕事を休んだ父親のウォン・ビクトルさんが待っていた。マリアさんはビクトルさんともしっかりとハグを交わした。

私が「奥さんとの久々の再会は、うれしいですか」と問うと、ビクトルさんは「うれしいです」と日本語で返してくれた。マリアさんは、簡単な日本語のやりとりは聞き取れるようで、私たちの様子を見て、スペイン語で冗談めいてビクトルさんに言った。

マリア「これからは料理をする人がいるからうれしいって言えば？」
朝彦「そうだね、日本語で」
ビクトル「いやいや、そんなにうまく日本語で話せないよ」
マリア「訳してあげて、朝彦」
朝彦「もう毎日ご飯が食べれるんで、手作りの。それでうれしいっす、お父さん」

朝彦さんは、スペイン語を話す両親の言葉を私たちに通訳してくれた。

マリアさんは、日本人の祖父を持つ日系三世だ。血のつながりを頼って日本に来た。しかし、ペルーにいる母の介護で、ふたつの祖国の行き来を繰り返していた。

「心が真っぷたつに裂かれているような。母を残してきたからね。ここにいると楽しいけど」

マリアさんは、いつか母親を日本に呼び寄せ、家族でそろって暮らしたいと考えていた。


一家を支えているのは、父のビクトルさんだ。

朝、ビクトルさんは水色の作業着を身にまとい、自転車で田んぼのあぜ道を抜けて出勤していく。向かうのは、ベアリングの下請け工場。ビクトルさんは毎日八時間、正社員として働いている。

工場では、一〇人ほどの社員がみな、もくもくと部品の組み立てや点検に集中していた。手早く、正確に、まるで機械のように作業をこなすことが求められる仕事だ。従業員の八割が日系人を含む外国人で、休憩時間になるとスペイン語やポルトガル語が聞こえた。ビクトルさんは、日本人の経営者や従業員と疎遠なわけではなかったが、ここで働いているからといって日本語が上達するという環境ではなさそうだった。

日本に来て二五年。別の工場では、派遣切りにあったこともある。木材加工やマグロの鱗《うろこ》を取る仕事など、ビクトルさんは過酷な現場も渡り歩いてきた。

息子の朝彦さんは、幼い頃からその仕事ぶりを見てきた。

「魚とか海の仕事をやるときが一番つらかったと言ってましたね。手も腫れて、動かせなくて、お母さんが口にご飯をやったり。

そろそろ、もう早く楽させたいと思いますね。九歳から働いているので、お父さんペルーで。お父さんのそのときの仕事は、ニワトリ、バーッて切って、首とかバーッて。ニワトリたちとめっちゃ臭いなか、学校行って。自分は考えられないです。日本、確実にそういうのあり得ないじゃないですか。九歳の子どもがニワトリ切って、むっちゃぼろぼろの服で。何か自分が感じてること、ぜんぜん比べものにならない。甘えていられない」

ビクトルさんの苦労は、子ども時代からだった。スポーツが得意で、サッカーのクラブチームに所属するほどの技量だったが、生活に追われてプロになる夢はかなわなかった。

「私の人生は、ほとんど仕事をしていました。一一歳くらいの頃、両親は別の街に住んでいて、僕は叔父のところに世話になっていました。家計を手伝うというか、学費を稼ぐために、叔父たちが経営していたオイル交換工場を手伝っていたのです。最初の仕事は、車のオイル抜きとオイル交換ですね。それから市場でね、ニワトリの皮を剝《は》いでいました。売ったりね。その後、養鶏場を五軒管理していました。それに、市場に店を持っていたので、肉、卵なども売っていました」

働きづめだったビクトルさんは、幼い頃から知り合いだった日系人のマリアさんと結婚した。新生活を送り始めた一九八〇年代、ペルーでは政策の失敗などにより経済が縮小。インフレ率が七〇〇〇%を超え、国は混乱を極めていた。治安悪化が問題となり、ビクトルさんも身の危険を感じるようになった。

蓄えが底をついたふたりは、家財道具一式を売り払い、一九九一年、マリアさんの祖父の国である日本へ移り住むことを決めた。

「当時、ペルーでは何が起きても不思議ではありませんでした。お金が得られるチャンスがあったのは、ここ日本だけだったのです。ですから、その可能性にかけて、日本に行こう

図2　在留資格「定住者」

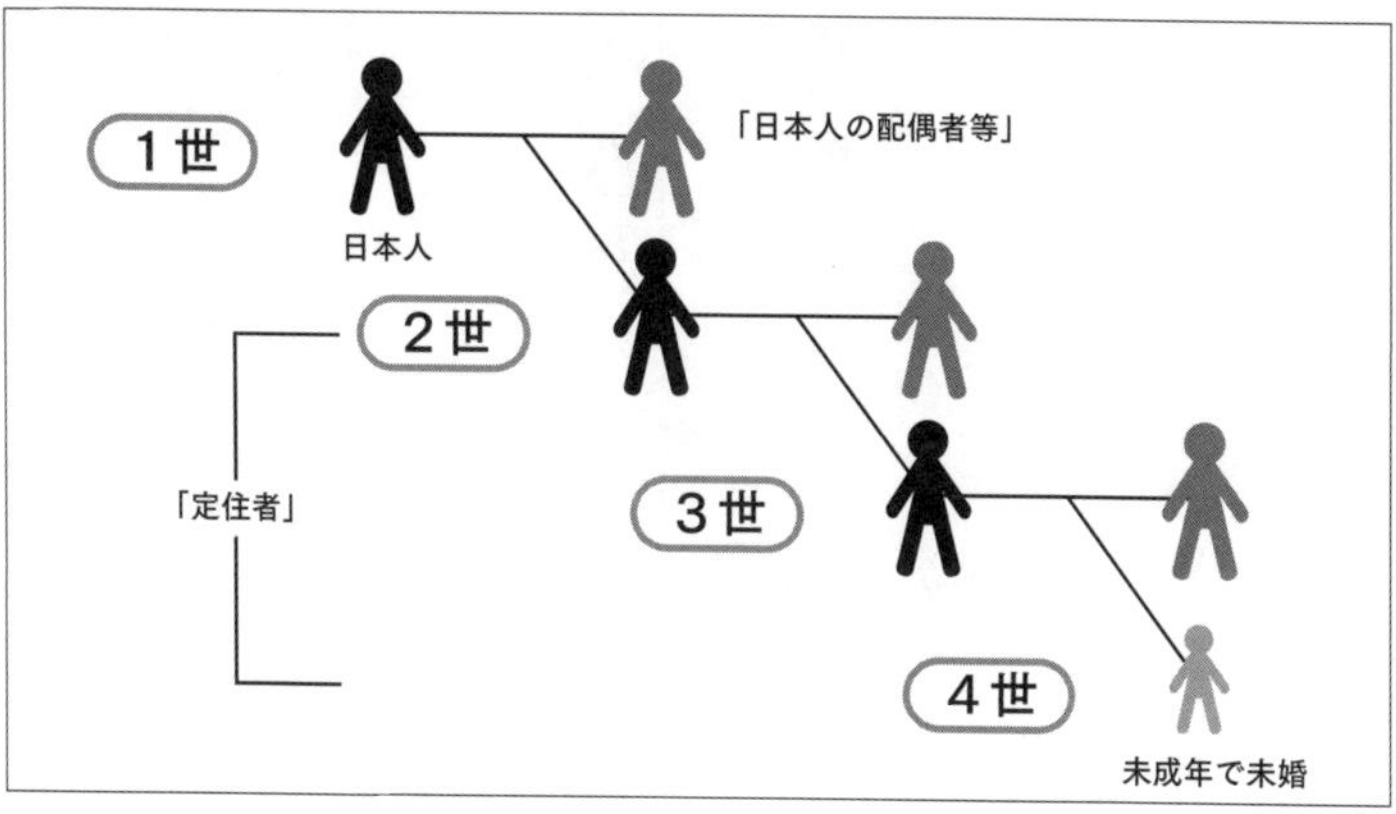

法務省の在留認定規定を元に筆者作成

と決心したのです」

とりあえず生活費を貯めるために数年間、祖国を離れることにした。いわゆる「出稼ぎ」だ。

ふたりの決断を後押ししたのが、一九八九年に改正された日本の出入国管理法だった。日系人に、「定住者」という在留資格が与えられた。

ほかの外国人とは異なり、日系人の場合、日本人である一世の子にあたる二世に加え、その配偶者から四世（未成年で未婚）までが「定住者」という在留資格を得ることができるようになった（図2）。これにより、日本で制限なく働くことができるようになったのだ。

この在留資格「定住者」の創設以来、ビクトルさんたちのように、経済悪化が深刻だったペルーやブラジルから多くの日系人が出稼ぎとして来日。在留資格の名前どおり、日本に定住し、社会生活を営むことになった。

それまで、日本に暮らす外国籍の人といえば、その多くが在日韓国・朝鮮人などアジアルーツの人だった。それが法改正を機に、一気に南米という遥か彼方《かなた》の大陸からの「移民」が急増したのだ。

2 〝同胞〟から〝景気の調整弁〟へ

「定住者」誕生の舞台裏

当時、なぜ「定住者」の在留資格は作られたのか。私は、入管法改正の中心にいた元官僚を訪ねた。

坂中英徳《さかなかひでのり》さん。一九七〇年に法務省に入省し、在日韓国・朝鮮人の処遇にまつわる論文を作成したことをきっかけに、在留資格や入管体制の改革を担った人物だ。

入管法は、一九五一年に作られた法律だ。その後、一九八二年に若干の手直しがなされたものの、戦後間もない時期に作られた基本法を軸にした出入国管理が八〇年代まで続いていた。

当時は来日する外国人が少なく、在留資格が非常に限定されていた。坂中さんは、「外国籍を持っていても、日本人と血統関係にある親族には特別に在留資格を付与すべきだ」と考えていた。

「日本人の子どもとか孫なんかについての資格、なかったわけです。配偶者についても、日本人の男女を問わず、結婚した外国人なんて、最優先で入れるべきだと僕は思ってたわけです。

日本人女性と外国人男性のあいだに生まれた子どもは、外国籍でしょ、昔はね。そうすると、その子どもの資格はいうたら『法務大臣が特に認める者』とか。それはおかしいと思ってたんだ、僕は。役所入ったときから。だから、そういう問題意識があってね。それで、『坂中くんね、任せるから、在留資格、作ってくれ』と言われたもんだから。もう昔から悲願だったんですよ。日本人と血統的な関係ある（外国籍の）人を（日本に）入れると」

血統関係のある外国人をどうするかという議論は、法務省内で抱えていた、もうひとつの政策課題からつながっていた。在日韓国・朝鮮人三世の処遇の問題だ。

八〇年代末当時、政府は九一年までに在日韓国・朝鮮人三世の法的地位について、再協議の結果を示す必要に迫られていた。その後、日韓法的地位協定が締結され、三世に対して明確な地位が与えられ、現在のように一世・二世と合わせて在留資格「特別永住者」の対象となった。就労などに制限がなく、日本に滞在できるようになったのだ。

そうなると、日本人と血縁関係にある、ほかの国籍の人はどうするべきか。バランスをとったほうがいいのではないか。そうした議論が持ち上がった。

外国人労働者や移民の研究を専門とする梶田孝道《かじたたかみち》さん（元・一橋大学大学院社会学研究科教授）は、共著書のなかでこの改訂が日系人へ「定住者」を与える流れを作ったと分析している。

法務省は、この問題（筆者注：在日韓国・朝鮮人三世問題）とは別に、海外に在住する日系人の法的地位を明確化する必要性を強く感じることとなった。この事実は、日本が「エスニック・ネーション」としての性格を持っていることを再確認させるものである。「中国残留日本人孤児・婦人」およびその二世・三世の帰還は長期間に渡って続いていたし、日系人一世の日本への「Uターン」が始まっており、親族訪問の主張にも配慮する必要があった。これは当時、日韓法的地位交渉と並行して進められていた入管法改正の作業のなかで現実化されることになる。（中略）相対的に見て不利とはならないような法的地位が日系人に対しても付与されることが求められ、入管法改正の際に、そのような形で法改正がなされたのである。（梶田孝道・丹野清人・樋口直人著『顔の見えない定住化』名古屋大学出版会）

急増は想定外だった

一方で、一九八〇年代後半、日本社会は好景気に沸いていた。企業は働き手を求め、就労資格のないまま来日して働く外国人が問題となり、坂中さんら入管職員は取り締まりに追われていた。

「バブルの全盛期ですよ、一九八〇年代の後半というのはね。それで人手不足がすごかったわね。入管法でいう不法就労者が爆発的に増える時代だったですよ。

バングラデシュ、パキスタン、イラン、それからマレーシア。そのあたりからね、観光ビザで九〇日間来て、そのまま不法滞在して働くと。多くはね、土木作業員とか、レストランの皿洗いとか、その他、やっていた。それから、なかには代々木公園とか上野公園あたりでね、プリペイドカードの偽物を作ったり、その他ね、悪いことをした不法滞在者もいた。そういう時代でしたね」

こうした時代の変化に、「外国人を働き手として受け入れるべきか」という議論が一気に活発化した。

しかし、法務省は依然として厳しい姿勢をとっていたという。

「学者とか経済評論家たちがね、外国人労働者の受け入れ拡大、どんどん言ってたですよ。反対する人も少しいたけどね、多くは賛成、賛成。

まあ、役所では、当時の通産省と経済企画庁いうところ、あの人たちは外国人労働者の受け入れ拡大を言ってたね。で、僕が属してた法務省は反対。今の厚生労働省（以下、厚労省）の労働省は、反対と。こういう政府内でのポジションだったわね。法務省のなかでは、それまで外国人労働者受け入れはほとんど『ノー』だったんだから。法務省もそうだし、労働省もそうだね。なぜかいうと、『移民に結び付くから』と、こういうことですよ。

人口過密だったしね。明治からずーっとそうですよ。日本人が『外へ行くこと』は考えても、『受け入れる』なんて考えてなかったのがね、ずーっと明治からの一貫した歴史だったんですよ。

特にあの頃議論されてたのは、専門技術職の外国人労働者じゃなくて、いわゆる単純労働といわれている、入管法では受け入れられないような類《たぐい》の仕事をする人ということだったから。それに対しては法務省も『それはよろしくない』という意見がやっぱり多かった」

しかし、地方では働き手が足りず、倒産する企業が急増。経済界から法務省へ、外国人を受け入れるべきだという要請が繰り返された。

私は、一九八九年三月に出された関西経済同友会の提言書を入手した。そこには、「多数の未熟練労働者を無秩序に受け入れることには慎重になるべき」としつつも、それまでの考え方を抜本的に見直し、在留資格を緩和するよう政府に迫る言葉が綴られている。

○日本の外国人雇用の考え方は、日本人で代替不可能な仕事だけ許可を与えるというものであり、「専門家、外国人ならではの分野」と表現されている。このように日本人との競合を禁止し、外国人の活動範囲を特殊分野に制限する考え方は、日本人に根強い「ガイジン」意識の温床にもなっている。

（中略）

○在留資格制度の拡充を図るためにも、まず、これまでの「外国人ならでは」や「専門家」の分野にとどまらず、広く、専門職、資格職の受け入れを促進し、硬直した国内の制度改善をすみやかに行って、海外資格との共通化、普遍化を図らなければならない。

（以下、略）

○これは、大変なことである。明治以来、築いてきた国内制度の精緻な体系が、結果的には外国企業や外国人の市場参入を阻むことになっている。この巨大な集積にメスを入れ、海外との制度の共通化・普遍化を図らなければ、日本の新しい国際化はありえない。

（中略）

○日本の国際化、日本市場の開放に向かって、インフラの整備状況に応じて、職種別の在留資格制度を段階的に拡充していく。つまり、今後、在留資格として表示できる程度にまで、ある職種について、外国人を受け入れる国民的コンセンサスが固まり、定住してもらって差し支えないという段階に至るのを待って、その職種についても、在留資格を段階的に拡充していくのである。在留資格の拡充の過程で、より簡素化され、外国人を日本人同様に処遇できる国際的な体系への転換を図っていくことが望まれる。

（『幅広い外国人雇用の促進を』関西経済同友会雇用問題委員会）

在日韓国・朝鮮人三世問題に端を発する「血統関係のある外国人の法的地位」のバランス調整と、人手不足の産業界からの「働き手としての外国人がほしい」という要請。このふたつの軸が絶妙に重なり合ったタイミングで注目されたのが、かつて南米に渡った日本人の子孫である、日系人だった。

法改正の渦中にいた坂中さんは、振りかえる。

「『定住者』ということだから、これまさにもう、ずーっと日本にいてもいいですよという地位ですよ。そのことをね、強調しておきたいんですよ。でね、その人たちは、その資格がそういうことだから、どんな仕事でもできるという資格なんですよ。『日系人に働いてもらおうかな』ということが、じつは背景としてあったんですよ、当然」

こうして一九九〇年、改正入管法は施行され、日系人の三世までとその家族に、就労制限のない在留資格が付与されることとなった。

これにより、ブラジルやペルーから来日する日系人が急増。ブラジル国籍者だけで、五年で三倍近く増え、九六年には二〇万人を超すようになった。その多くが、製造業など人手不足の企業で派遣労働者として働いた。

坂中さんは、みずからの目標でもあった法改正の行方に、戸惑いを感じたという。

「自分の想定とは、ぜんぜん違った。日本社会は、とりわけ自分たちの甥《おい》とか姪《めい》とかが帰って来たら、温かく迎えてくれるだろうと思ったんですね。それからブラジルの人たちもね、親族がいる沖縄とか東北地方とか、そういうところへ行くんじゃないかなと。第一次産業を中心にと、そう思ったんだけど、そこはねえ、違ったな。日本人もね、冷たかった、親族はね。それからブラジル人たちもそういうところへ行かずに、ハローワークなんか通じて、だいたい自動車産業の部品とか下請けのほうに行った。まあ、そこはちょっと見込み違いだったね」

坂中さんたちは、親族の元に迎え入れる程度の人数規模であれば、管理の日が行き届くと思ったのだろう。しかし、予想をはるかに超えた人数がやってくることになった。

日系人のなかには、数年働きお金を貯めて帰国する者もいれば、日本で結婚して子どもを産み、文字どおり「定住」する者も現れた。静岡県や群馬県など、自動車メーカーのお膝元に集住するようになり、生活者として暮らし始めると、ゴミ出しの作法から医療・教育の難しさなど、地域住民との軋轢《あつれき》が次々と生じていった。

「それはもう、反省ですよ。あれはねえ、緊急避難的に入れたんですよ、受け入れ体制が整わないままね。とりわけ子どもたちの教育は整ってなかったし、親に対しても、出稼ぎ労働者じゃなくてね、Uターンしてきた人で『この人たち大事に育てるんだ』と日本語を勉強してもらい、日本人の労働者と同じような仕事をやってもらうように育てようというね、そういう気持ちでやってほしかったけどね、そうならなかったと。

僕なんか、法的地位の安定とかそういうことでしか、役人としての管轄がないもんだからやれなかったけどね。やっぱり受け入れた企業がね、日本語教育その他を徹底的にやってほしかったね、親に対してね。親と一緒に子どもが学ぶとかね。そこは悔やまれるね、うん」

政府は、移民政策をとらなかった。そして、現場での混乱は、企業や自治体にその収拾が一任された。そんな状態のまま、日系人は次々と流入した。

切り捨てられた日系人

〝人手不足の企業〟と〝働きたい日系人〟をつないだのは、派遣会社だった。

愛知県一宮《いちのみや》市に、八〇年代後半に日系南米人の人材派遣を始めて急成長した、株式会社アバンセ・コーポレーションという派遣会社がある。日本各地に事業を展開し、延べ六万人の日系人を企業に送り込んできた。

社長（取材当時）の林隆春《はやしたかはる》さんが、当時の状況について取材に応じた。

「ああ、もうすごかったです。ともかく納期が優先で。『とりあえず連れて来てくれ』ということで、行って、（派遣の）値段もあとで決めりゃあいいっつう感じの仕事もありました」

派遣した先は、自動車部品や電子部品の下請け企業だ。二〇〇〇年代以降は海外に拠点を移した企業が多いが、八〇年代は国内での生産が中心。現場は多忙を極めていた。

林さんは一九八五年、ブラジルを訪ね、異常なインフラで生活が破綻寸前に追い込まれた多くの日系人に会った。彼らを救おうと、バブルに沸く日本で事業を始めた。事業は、しばらくのあいだは順調そのものだった。

「私のところで二年くらい働いて、向こう（筆者注：ブラジル）へ帰って、『歯医者さん始めたよ』『弁護士事務所始めたよ』。農業なら『あの耕運機買ったよ』、それから『新しい土地買って牧場始めたよ』とかね。いっぱいそういう人が出たわけですよね。あれで舞い上がりましたね、私は」

南米で窮地に立たされた日系人に、夢の後押しができる。バブルを謳歌していた日本企業にとっては、人手不足が解消して生産が整う。派遣会社は報われる。その好循環に、林さんは夢中になった。

状況が一変したのが二〇〇八年。リーマン・ショックによる経済危機だ。日本の企業は、非正規社員だった日系人を解雇していった。

林さんの会社では、このとき、派遣していた三〇〇〇人のうち、およそ二四〇〇人が職を失った。

「自分の会社が存在する理由なんて、本当にあるのかなと思ったですよ。三〇〇〇人おったのが、六〇〇人になったんです。このリストラたるやね、子どもさんのおる家族もありますよ。それから、子どもができたばっかでおなかが大きい人もいましたよ。いっぱい切りましたよ。

これ年末ですけどもね、企業は『年明けから来てくれるな』って言うわけですよ。それも一〇〇人単位で。『なんで、(職場に)みんなおるときに言わんの』と言ったら、『おるときに言うと、いろんな問題が起こるやろうから、それはアバンセさんね、みんな追いかけてって、年明けに来るなってことを通達してください』っていうわけです。平気で言いますよ、日本の企業は。

もう頭に来ることこのうえないですよ。犬猫以下ですよ、ああなったときには。企業は自分を守れればいいんです。そのときの情けなさたるや、本当に大変ですよ」

いわゆる派遣切りである。正社員よりも先に、非正規社員だった日系人らが失業した。私が取材したなかには、工場で「同じ立場の日本人は優遇されていた」と語る人もいた。血縁関係を根拠に「同胞」として呼び寄せた日系人は、不況に陥ると「景気の調整弁」にされたのだ。

製造業の現場で口数少なに作業をこなし、親族や地域住民との交流が少なかった日系人は、日本語を習得していない者も多く、再就職が難しいのが現実だった。

憤りを感じた林さんは、デモの発起人となった。東海地区の日系人が名古屋に集まり、雇用や子育てへの不安を訴えた。

抗議の声が高まるなか、リーマン・ショックの翌年、厚労省は離職した日系人を対象に「帰国支援事業」を実施した。日本での再就職を断念し、母国への帰国を決意した者に対して、本人ひとりあたり三〇万円、家族ひとりあたり二〇万円を支給するというものだ。

ただし条件がある。当分のあいだは「定住者」として再入国しないことだ。この〝事業〟は二〇一二年に終了したが、それまでのあいだ、違法行為をしたわけでも、国益を損ねたわけでもないのに、再入国を許可されないという異例の事態となった。

林さんは、一連の出来事を通じて、日系人と共に痛みを感じていた。

「日本はね、労働力はほしいけれども、生活者としての人間はほしくない国なんだというのはね、彼らのなかにしっかり刻み込まれましたね。日本がね、ここまで彼らを見捨てるとは、正直言って思わなかったですよ。そういう意味じゃ、私は彼らに対して、申し訳ない気持ちは、ものすごくあります」

林社長は、その後も派遣事業を続けながら、日本に残った日系人のコミュニティ作りやサポートに尽力している。

3 それでもジャパニーズドリーム

帰国しなかった家族は――団地調査の結果から①

二〇一三年。国の帰国支援事業を利用した日系人は、二万人近く。再入国できないことを懸念し、自主的に帰国した者も多く、それまで日系人が多く暮らしていた集住地域は様変わりした。

静岡県磐田市東新町団地からも、次々と日系人家族が去っていった。日系ペルー人のウォン朝彦さんの家族も、不況の打撃を受けていた。当時、母のマリアさんは得意のペルー料理をふるまうレストランを開店したところだった。地元の日系人を相手にしていたため客足が遠のき、一年で店をたたむことになった。

ビクトルさんは仕事を続けられたものの、生活は厳しくなり、税金を滞納する日々。それでも一家は団地に留まった。決め手は、マリアさんの強い思いだった。

「朝彦は日本で生まれましたから、ここで育ってほしいです。目標を持って、夢をかなえてほしい。日本はチャンスをくれて、前進させてくれる。私たちだけではなく、多くのペルー人がそう思っていました」

リーマン・ショックの苦境を乗り越えてでも、母国より治安や教育環境がよく、可能性に満ちていると思える日本で、子どもを育てていきたいと考えたのだ。

マリアさんのような、子どもの将来を考えて経済危機後も日本に定住する日系人家族は少なくない。そのことがわかる、団地住民を対象にした調査がある。

静岡文化芸術大学で多文化共生論を研究する池上重弘《いけがみしげひろ》教授が、二〇一四年度に行った「磐田市東新町団地の生活状況をめぐる調査」。磐田市多文化共生社会推進協議会会長を務めていた池上さんが、二〇一三年に渡部《わたなべ》修《おさむ》市長から「リーマン・ショック以降、磐田市の居住者も大きく異なってきたため、団地居住者の状況がわからなくなり、市としてどのような施策を打てばいいのかわからず困惑している。大学としてぜひ道しるべを示してほしい」と要請を受けておこなった。

学生チームが一戸一戸訪問し、一六歳以上の全居住者（日本人・外国人）に調査票を手渡し、後日回収するという手法で集められた貴重な生活実態調査だ。有効回収数は日本人は個人が二二九（回収率およそ六五％）、外国人は個人が一九〇（回収率およそ四七％）、世帯が一〇二（回収率およそ五二％）だった。

注目したいのが、外国人世帯を対象にした調査のなかにある「あなたは子どもが将来日本で生活することを希望しますか」という問いだ。その回答では、「希望する」が三八・六％ともっとも多かった。自分は出稼ぎでやってきたが、子には日本に安定し続けてほしいと願う親が多いのだ。「わからない」は三四・一％、「希望しない」は一〇・二％だった（図3）。池上さんは、「わからない」の理由を「不安定就労に起因する先行きの不透明感」と分析した。

また、外国人世帯に対して問うた「子どもの教育に対する希望」については、「（日本の）短大・大学を卒業」がもっとも多く三〇・六％、「専門学校を卒業」が二四・七％と続き、

図3 子どもの将来(日本での生活)への希望

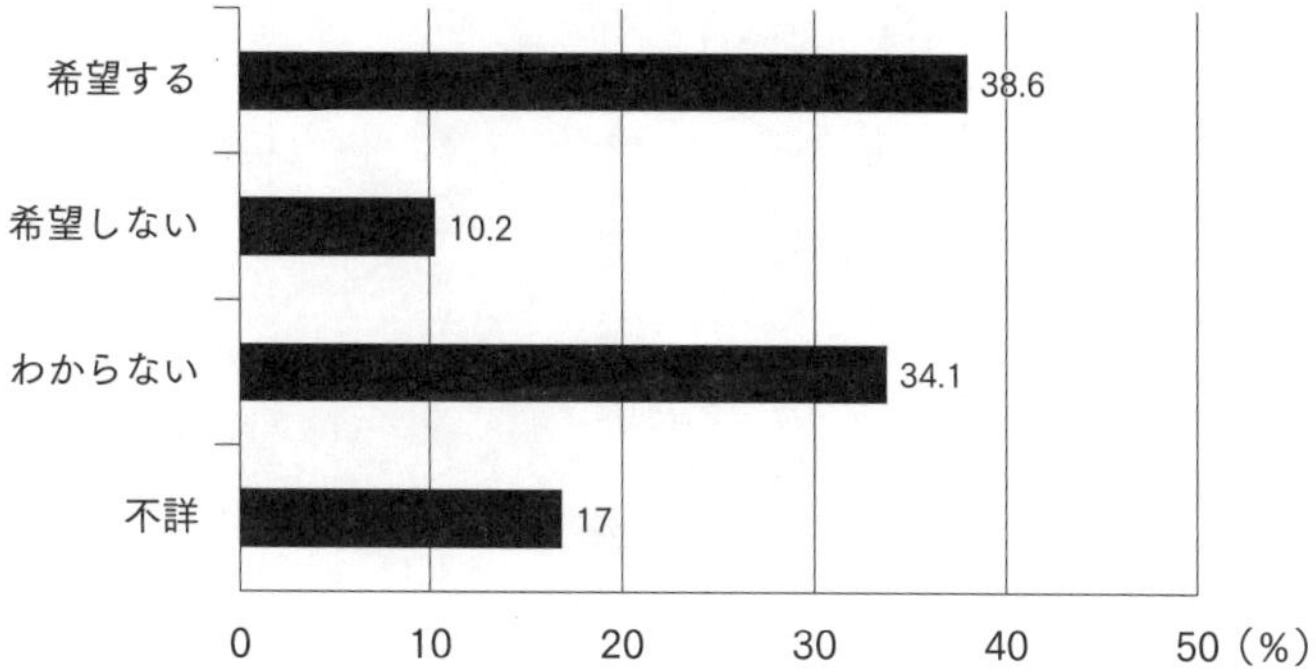

出典：磐田市東新町団地の生活状況をめぐる調査の報告書（静岡文化芸術大学）

図4 子どもの教育に対する希望

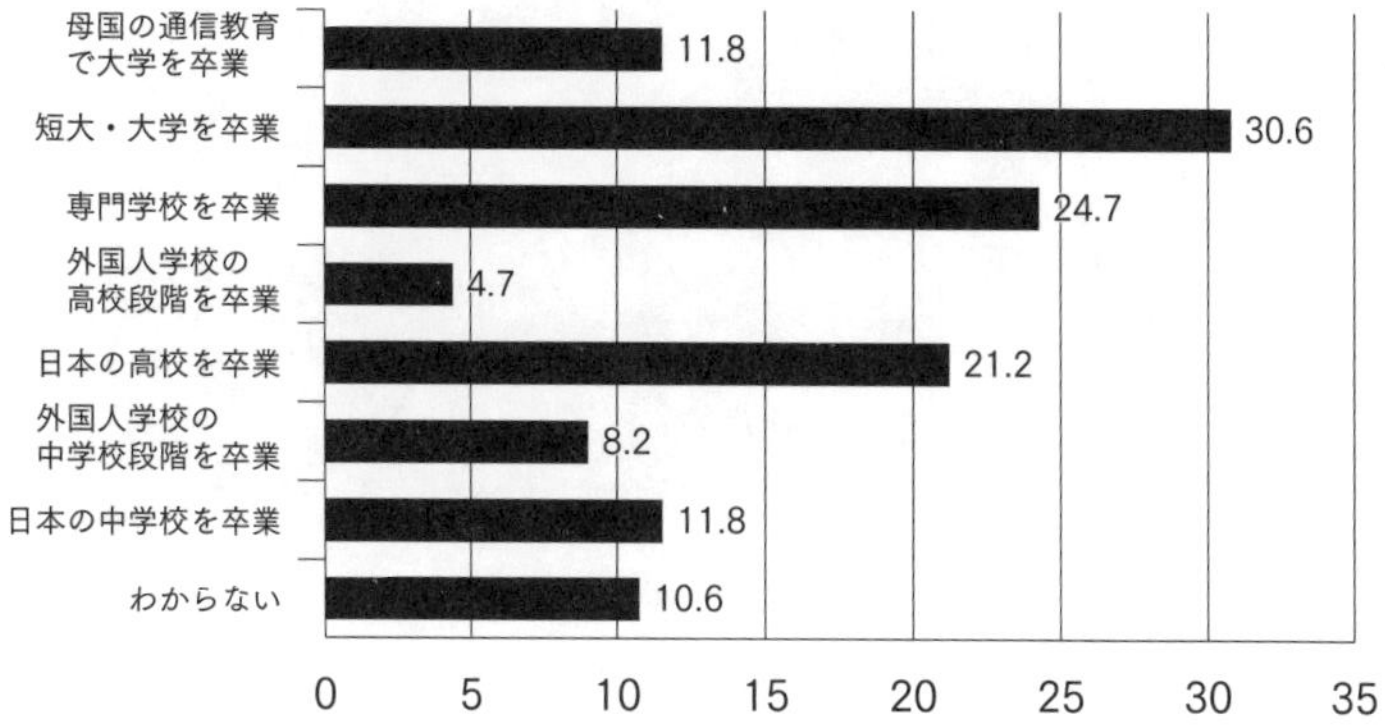

出典：磐田市東新町団地の生活状況をめぐる調査の報告書（静岡文化芸術大学）

保護者の多くが少なくとも高校卒業レベル以上の学歴を期待していた（図4）。

さらに興味深いのが、「子どもに将来日本でどんな職業に就いてもらいたいですか」という問いだ。この答えに、親世代のみずからの職業を合わせて考察してみる。親世代は、およそ八割が工場などの生産現場で働いていたのに対し、子どもについては、「自分と同じ職業に就いてほしい」と望む者はひとりもおらず、七割近くが「専門職・管理職」（五六・一％）「事務的職業」（一一％）といったホワイトカラーの職に就くことを期待していることがわかった（図5）。

つまり、多くの日系人の親たちは、工場の派遣労働のような、みずからの就労状況に不安を感じており、子どもには高校や大学を卒業して、専門的な職業に就き、日本社会で活躍してほしいと願っているのだ。

調査を実施・分析した池上さんは、親の理想には現実が伴っていないと指摘した。

「大きな傾向としては予測をしていました。ただ、明らかな差、顕著な差が出てきて驚いたというのが率直なところです。問題は、そういう意向が見られるということを超えて、それを実現するためには何ができて、何ができないかということを考えたときにね、明らかにできないことやできていないことのほうが多い」

リーマン・ショックを乗り越えたうえで日本に留まった日系人たちは、実質的に日本で

図5 親世代の現職と子どもの教育への希望

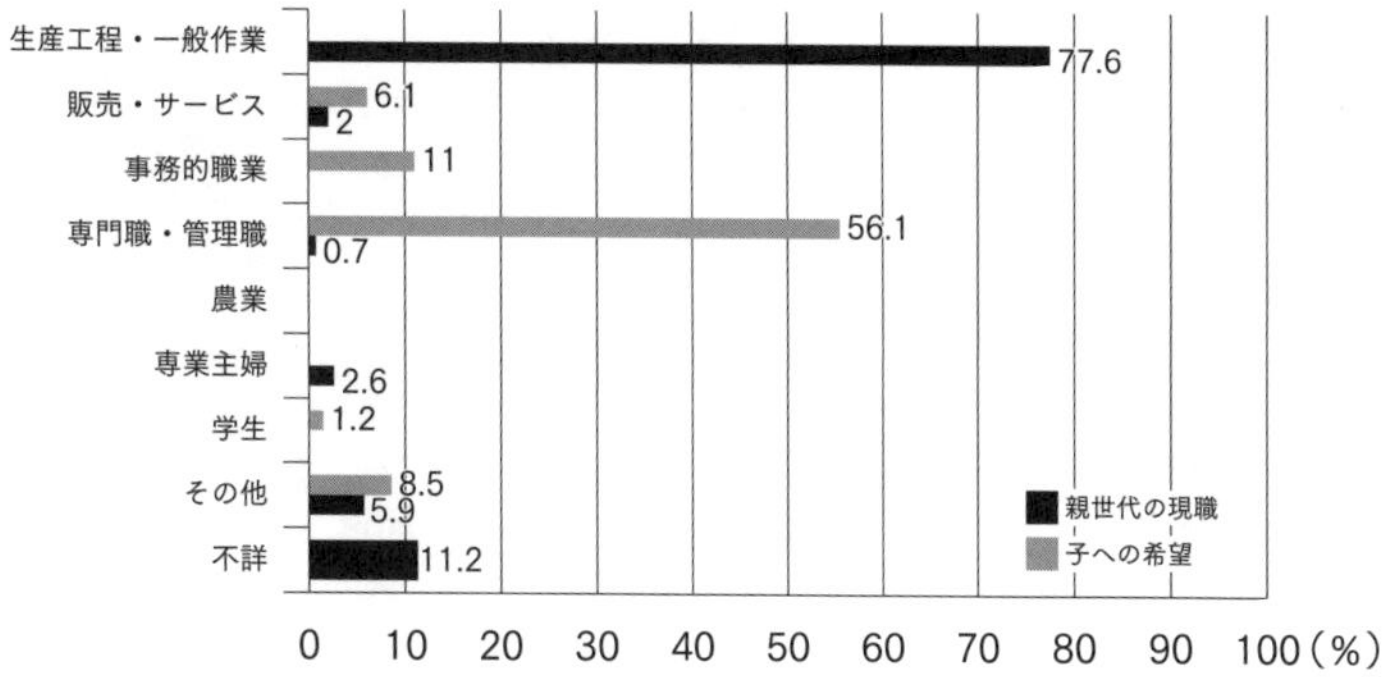

出典：磐田市東新町団地の生活状況をめぐる調査の報告書（静岡文化芸術大学）

「定住」している。しかし日本社会は、外国人の権利を尊重しながら、社会の構成員として迎え入れるための政策、つまり「統合政策」を十分に実施できていなかった。

「まずひとつは、公用語教育。日本の場合は日本語ですけれど、日本語をミニマムのコミュニケーションを図るレベルに、外国の方に学んでいただくような仕組みをきちっと作ってこなかった。地域のボランティア任せであったりしてたんですよね。それも、学びたいっていう人は学ぶんだけども、本当は学ばなきゃいけない人が、なかなか学ばない。で、体系的でどこにいても学べるような、そういう公平な仕組みっていうのを、日本の社会は作ってこなかった。

仕事の面でも、外国人であることによって大きな不利益をこうむらないような、そういう雇用の形態をちゃんと作りこまなきゃいけなかった。

子どもの教育の問題も大きな柱ですよね。子どもはあっという間におとなになってしまうから、その機会を失うことなくきちっと教育をする。

この三つがとても大きなこと。公用語の教育と労働、そして子どもの教育。さらに言うと、住居の問題とか医療保障の問題っていうものが出てきますよね」

現在、大学に進学して大企業に入社する日系人の若い世代も誕生しつつあるが、親と同じ工場労働やアルバイトで生活をつなぐ者も少なくない。

池上さんは、社会の側にも変革が求められているという。

「一九九〇年の改正入管法施行から二五年経って。二五年、一世代ですよね。第二世代が今、働き始める、おとなになり始めているっていうこのタイミングに、ちゃんと正面から向き合って、彼らが日本の社会でも生きていけるような、そういう仕組み作りに取り組まなきゃいけないんだろうなと思います」

池上さんの指摘を裏付けるかのように、団地に残ったにもかかわらず、日本社会に不安を感じて帰国を検討するケースも出始めていた。ある日系ブラジル人家族が、私の取材期間中に、帰国を決めた。

リーマン・ショックでの派遣切りに耐え、ふたりの子どもを育てる母親が、私に言った。

「私たちは、日本に来て『労働』はしていますが、それは『職業』とはいえません。私たちは、自分たちがやりたい仕事ではなく、やれる仕事をしているんです。娘には将来、自分のやりたいことをしてほしいと思っています」

この母親も、子どもたちによい教育環境を与えたいと日本に住み続け、長女を公立中学校へ三年間通わせた。

しかし母親は、長女を取り巻く環境を見るにつけ、不平等な制度や差別意識を感じるようになる。そして、日本で将来を過ごすことに疑問を感じるようになっていった。

「娘が日本の大学を卒業して、（筆者注：学力で）ほかの子と同じような条件になったとしても、就職のとき『日本人ではない』という理由で不利になるのではないかと、やはり不安です。だから、娘にはブラジルに行く機会も与えたいのです。両方の国を知ってから、娘には自身で将来を選択してほしいと思っています」

両親が帰国を決めたことを、長女自身は納得していた。しかし、心境は複雑だったようだ。ほとんど知らない祖国への出発を前に、長女が私に語ってくれた言葉が印象的だった。

「日本で育ってきたけど、絶対、日本人のようには見られない。なんか『ガイジン』って感じ。小学校のときは、机に触ったらすぐに『触んないで』とか言われたり、それがなんか悲しかった。私は、外国人だけど、普通に友だちはみな同じって感じ。たぶん『国』じゃなくて『人』だと思う」

一六歳の少女にとって、日本という「国」は、居心地のいい故郷になっただろうか。

長女は、日系四世にあたる。二〇一八年の法改正で、一八歳から三〇歳の四世にも、新たに在留資格が付与されることになった。人手不足の解消に寄与できると見込まれ、入管庁は年間四〇〇〇人を想定していたが、最初の一年間で来日したのは三三人だった。

工場は〝永遠〟だけど

日系ペルー人四世のウォン朝彦さんも、将来への不安を感じていた。

夕暮れ時。母のマリアさんが内職のためにミシンを踏んでいる。その振動が響く団地の部屋に、作業着姿の朝彦さんが帰ってくる。シャワー室に直行し、泥だらけの足を洗う。

朝彦さんは中学卒業後に働き始めた。リーマン・ショックによる母のレストラン閉店にともなう借金が残っていたため、家計を助けようと考えたのだ。製造業の工場や野菜の箱詰めなどの職を転々とし、この日はソーラーパネルを設置する現場でアルバイトをしていた。天候や急な発注に左右される仕事だ。

「明日、あるかわからないんですよ、仕事。一応、事務所には来てって言われてるんですけど」

朝彦さんは、アルバイトをしていたときに、突然解雇されたことがある。だから、いつまた仕事を失うか、怖い。どうすれば脱することができるのか。しかし、高校を卒業したまわりの日系人を見ても、アルバイトや不安定な派遣で働く人ばかりだった。

「中学校卒業した俺で、工場。高校まで行って、何かしら行けたのに、俺と変わらん工場。結果、同じとこじゃん。(工場では)ずっと一日中残業やって、同じことやって、また寝て起きて。ずっとそれです。『永遠』だと思います」

工場での単調な作業の繰り返しも、多少の努力では代わり映えしない環境で漂流する日々も、彼にとっては希望のない〝永遠〟だった。

両親は、毎月母国に仕送りをしながら働き続けてきた。月末に近づく頃、食卓を囲む三人は、うつむき気味だった。

ビクトルさん「三〇日の給料日まで、四~五日前から現金がないよ」
マリアさん「じゃあもっと私が仕事しないと。少しは楽になるからね」
朝彦さん「僕も働くよ」

マリアさん「そうね」
ビクトルさん「簡単にはいかないな」
マリアさん「前向きに、前向きに」
朝彦さん「どうするの?」
マリアさん「前進あるのみよ」

ビクトルさんは、関節が激しく痛む持病を抱えていた。日本の病院では、自分の言葉で医師に症状を伝えられないため、ペルーへの帰国を望むようになっていた。

マリアさんの心も揺れていた。ペルーへ帰って実母の介護をしながら、ビクトルさんと心穏やかにレストランでも開くほうが幸せかもしれない、と。

一方で朝彦さんは、両親が帰国を選んでも、ついてはいかないだろうと思い始めていた。出稼ぎ目的で来日した世代の両親と、日本生まれ世代の子どもで、考えにギャップができていた。

「あっち行って、自分たちがいた場所に戻って、そのままふたりでがんばってもらえればいいかなと思います。ここにいても、親はあんまり日本語がしゃべれないので。でも、自分はここで生まれてここで育ったんで、ペルーに行ってもどこかわからないし。普通の外国って感じなんで。日本で生きていきたいです。自分の目標を確実にかなえられると思うんで、日本は」

家族がバラバラになったとしても、自分は日本で生きていく。

その決意を、日本語ラップでデビューしたいという夢が支えていた。

一〇枚の扉を叩いて

二〇一五年の晩秋、朝彦さんは小さなレコーディングスタジオにいた。プロモーション活動に使おうと、初めてソロの曲を収録していた。

曲のタイトルは「マイライフ」。これまでの思いを歌詞に込めた。

少しかすれた低音が、地を這《は》うように響く。

♪ 九六年　ここ日本に生まれ　記憶は団地のなかのまんまで
経験も積み重ね　やりたいことやって
今日まで生きてきたのは楽じゃないってことを証明
金もなくて　でもここじゃそれが一般家庭
笑顔と飯があるだけで幸せ

そうやってここのやつらに育てられ
Hello underground
俺もドアを開けて　握るマイクロフォン
わからないならわからせるぞ
イチかバチか　この道に賭けよう
MY LIFE　This is my life　後悔はない
バカにするのも　いま見とけ　将来
MY LIFE　泥からスタート　結果ダイヤモンド
MY LIFE　ストリートで学べ　そこのワック MC

音楽業界でやっていくことは簡単なことではないと、朝彦さんはわかっていた。それでもあきらめるつもりはなかった。

「ただの遊びじゃないと証明したい。これで生活したい。ちゃんとした音楽なので。自分で見てきたもの、感じてきたものとか、全部いろいろリアルな話ばっかりなので。

自分のお母さん、毎回言うんですよ。『やりたいことは、最後まで、最後まで、最後まで、最後まで、もう自分が満足いくまで、ずっとやれ』みたいなこと。そんな感じでお母さんには言われてきましたね」

日本で夢を追う息子を、マリアさんは後押ししたいと思っていた。

「息子がこのまま日本にいたければ、いればいい。日本で生まれたのだから、理想を持ち、チャンスが広がるこの国で未来を開けばいいのです」

私の質問にも、マリアさんは即答だった。

「彼は、歌手になれるでしょうか」

「実現できます。自分次第です。開けようとした扉が開かなければ、別の扉を探せばいい。一〇枚だって扉を叩いてみればいい。必ず、いつか開く扉に出会えます。扉は言うでしょう、『どうぞ』と」

あきらめずに前に進む。マリアさんが朝彦さんに伝えてきたこの家の大切な言葉。

その原点は、日本人だった祖父の人生にあった。

4 受け継がれる移民魂

沖縄から新天地を求めた移民一世

マリアさんが、押し入れの引き出しにしまってあった書類の束を私たちに見せてくれた。日本人の移民一世としてペルーに渡ったマリアさんの祖父の所持品だ。

「これは、祖父が持っていたレコードの歌詞です。『民謡』だったかしら。たくさんレコードを持っていました。私たちに聴かせて長男には踊りを教えていたわ。祖父とは生まれたときから一緒でしたから」

沖縄民謡を荷物に忍ばせて海を渡ったマリアさんの祖父は、どんな人生を送っていたのだろうか。

マリアさんが持っていた当時の身分証明書によると、祖父は一九〇一年（明治三四年）、沖縄県具志川市《ぐしかわし》（現在のうるま市）生まれ。サトウキビ農家で、七人兄弟の三男だった。

私は『具志川市史』を調べてみた。そこには一九二〇年代、海を渡った九三〇人の移民名簿があり、マリアさんの祖父の名も見つかった。

祖父の名は、和宇慶朝福《わうけちょうふく》。一九二四年六月、日本を出国。二二歳の夏のことだった。

当時、移民は国策だった。失業対策や帝国の資源を得る場所を求めて、政府は渡航費を支給した。

南米への移民は、明治に始まり、一九七〇年代まで続いた。業者が移住先の政府などと就労期間や労働条件についての契約を事前に取り交わす「契約移民」と、個人の意志に基づく「自由移民」の二形態があった。

契約移民を募る業者のポスターのイラストには、鍬《くわ》を持った男性が「さあ行かう 一家をあげて 南米へ」と南米大陸を指さしている。ペルー契約移民は、一八九六年に日本政府が移民保護法を制定したあとにスタート。当時、大規模化が進められたサトウキビ耕地に、移民たちは送られていった。

朝福さんがペルーに渡った頃は、日本は第一次世界大戦後の恐慌に苦しみ、人々は新天地に活路を見いだそうとしていた。特に沖縄は、経済政策が本土に遅れていた上、一九二〇年に台風や干ばつの災害に見舞われ、ひどい食料難に陥っていた。潮風に強く沖縄の地によく育ったソテツは、種子にデンプンと毒を含む。食べるものに困った人々がその実を食べ、死者が続出。その惨状は「ソテツ地獄」と呼ばれた。

窮地を脱しようと県外や国外へ出稼ぎに行く人が増え、一九二三年から三一年にかけて、フィリピン・ペルー・南洋などへの移民は、およそ二万三〇〇〇人に達した。外国からの送金は、県の歳入額の六割を超えたと言われている。

朝福さんもそのひとりだった。その頃には、契約移民ではなく、親族の呼び寄せなどによる自由移民が始まっており、朝福さんも綿花畑で働く姉夫婦に招かれたようだった。慣れない生活のなか、なんとか農業で資金を貯めたあと、食料品店を開くことに成功した。日本が、故郷が、苦境に立たされるたびに、朝福さんは乗り越えてきた。だが、移住先での生活も安泰が続かなかった。

一九四〇年五月。日本人の営む五〇〇以上の商店が襲撃された。太平洋戦争が迫り、アメリカと友好関係にあったペルーで、日本人は敵性外国人とされ激しい差別を受け、排斥運動にさらされた。集会や新聞は禁止、資産は没収され、一七〇〇人以上が日系人収容所へ送られた。

朝福さん自身や店が当時、どのくらい影響を受けたのかは定かではないが、ペルー在住日本人の苦労がしのばれる。

そんな混迷する状況の渦中で、朝福さんはマリアさんの祖母となる女性と出会う。家庭を築き、子や孫にも恵まれた。歌って踊ることが好きなマリアさんをかわいがって、住まいを共にして生活した。

祖父が種をまいてくれた

ペルーでの暮らしは、五〇年に及んだ。七三歳になったとき、朝福さんはペルーに家族を残し、ひとり沖縄へ帰っている。

末期の癌を患っていた。

一九七五年、故郷が戦後の米軍統治から日本に復帰して、三年後のことだった。国策で海を渡った日系移民一世。異国の地でも困難にくじけず、闘い続けた人生の幕は、生まれ故郷で閉じられた。

沖縄の親族に見守られながら、朝福さんはこの世を去った。帰国してわずか一年。その間、朝福さんは、ペルーに残してきた家族に宛てて、何通も手紙をしたためた。

書類の束からマリアさんが封筒をひとつ取り出した。朝福さんからの最後の手紙。日付は、一九七五年五月一三日だ。

写真を送ってくれてありがとう。
こちらは沖縄を満喫しています。私は元気です。
親愛なるマリア。日本語の歌を歌いたいかい？
それなら勉強しなさい。日本語と英語を話すんだ。

マリアよ、私は、愛する孫のことは決して忘れません。
身体に気をつけておくれ。
おまえに伝えたいことがあるんだ。
いつか必ず、日本に来るんだよ。

マリアさんは、たどたどしいスペイン語で綴られた朝福さんの直筆を、大切そうに眺めて言った。

「祖父が亡くなったのを知ったのは、私が一一歳のときでした。でも、私のなかの祖父は、旅だったときの元気な姿のままです。『立ち上がれ。倒れても立ち上がれ。泣かずに前に進みなさい』。いつもそう言っていました。だからいつもつらいときや悲しいときは、五分間だけ泣き、それから自分を叱咤《しった》して前に進みます。いつもそうしてきました。

祖父は今、私が子どもにしていることの種を撒いてくれたんだと思います。前に進みなさい。がんばれ。くじけるな。行動しよう。できるまであきらめるな、と。それを朝彦たちに伝えています。私の気持ちや息子への教えは、祖父から受け継いだことなのです」

移民だった日本人がいた。そしてその子孫が、先祖の言葉を支えに、時を経て移民として日本に来た。

その背後には、国の混乱や生活の厳しさだけでなく、新天地に抱いた夢や希望があった。日々には、労働だけでなく、育んだ愛もあったし、異邦人ゆえつけられた傷もあった。壁にぶちあたっても生き延びる強さは、かたちを変えて代々受け継がれる。朝彦さんにも、そしてきっとその先にも。

すべては人間の営みなのだ。だからこそ、思う。私の先祖にも朝福さんのような人がいても不思議ではないし、これからの人生で自分や自分の大切な人が「移民」となる日が来る可能性だって否定できない。

「外国人」は、いつも自分の暮らしの外側の存在とは限らないのだ。

第五章　わたしのCasa

1　移民の帰る場所

マリアとのぶこ――「沖縄も、私の家」

二〇一六年四月。マリアさんは中部国際空港にいた。

祖父・和宇慶朝福さんの故郷である沖縄へ行くためだ。旅費を少しずつ貯金し、この日を心待ちにしていた。

ハンドバッグのなかには、前日の夜遅くまでかけて作ったアルバムが入っていた。マリアさんとビクトルさん、朝彦さんたち子どものペルーと日本での写真を集めて作ったもの。マリアさんは、一枚一枚の写真を、取材で同行する私に解説しながら笑った。

「うれしいです。沖縄の家族に会えると思うと、幸せな気持ちです」

朝福さんには、マリアさんたち以外に、もうひとつの家族があった。ペルーに渡る前、沖縄に妻と息子を残していた。

マリアさんは、朝福さんの沖縄の家族に会ったことがある。来日時、在留資格の手続きがうまくいかずに困っていたとき、助けを求めたのだ。「私がChofuku-Waukeの子孫であることを家族の誰かに証明してもらうことが必要です。まわりでは、強制送還される者も出ています。ペルーには将来も、仕事も、何もありません。あなたは信頼できる唯一の人です。どうか助けてください。一九九二年三月九日 マリアより」。朝福さんからいつも聞かされていた「のぶこ」という名前。「のぶこ」は、朝福さんの息子の子。マリアさんとは、海を隔てた孫同士にあたる。「のぶこ」さんは、マリアさんに代わって入国手続きに奔走した。そのおかげでマリアさんは、日本での第一歩を踏み出すことができたのだ。

「入国審査の事務所から出てきたとき、のぶこさんが両手を広げていた光景を忘れられません。おとなになっておじいさんが言っていたことがわかったんです。『孫ののぶこがいる、日本に行きなさい』。いつも話していたその意味がね」

日系ペルー人三世のマリアさん。生粋のペルー人でもなく、日本人にもなれない。生まれたペルーは不況に見舞われ、家財道具一式を売り払っても生活できなくなった。日本に来てからは、働きづめの毎日。日本人との交流は限られたもので、言葉もうまくならない。温かい気持ちになるのは、沖縄を思うときだけだった。

飛行機は離陸し、二時間後には、雲の切れ間から真っ青な海と沖縄の島々が姿をあらわした。祖父が愛したふるさと。自分を助けてくれた人がいる家。

マリアさんは窓にへばりつくように私に背を向けて、静かに涙をぬぐった。

「のぶこ」さんは、沖縄県うるま市に暮らしていた。座間味信子《ざまみのぶこ》さん。彼女もまた激動の人生を歩んでいた。五歳で沖縄の地上戦を体験、奇跡的に生き延び、戦後は米軍統治下で叔母に引き取られて育った。一九歳で結婚し、五人の子どもを産み育て、市内に小さなスナックを営んでいた。

その日、石垣に囲まれた一軒家に、マリアさんがおそるおそる近づくと、女性が「マリアー！」と走り出てきてマリアさんを抱きしめた。信子さんだ。

「元気？」

「会いたかった」

片言の日本語でマリアさんも答えた。ふたりは足早に部屋へ入り、待っていたほかの親族とあいさつを交わした。

それは時間にすると数秒のことだったが、本当に自然な抱擁だった。背負ってきたものの違い。在留手続き問題以降、二〇年以上会っていなかった時間。突然の再会の居心地の悪さ

（ましてや私たちロケクルーも一緒である）。それらを一瞬で飛び越える、気持ちと気持ちが身体を強力に引きつけ合ったかのようなハグだった。

朝福さんの息子であり、信子さんの父である朝彦《ちょうげん》さんは九六歳になっていた。耳の遠くなった朝彦さんは、マリアさんの姿を捉えると「チョーデイ」と言った。沖縄の方言で、「兄弟」。広く仲間や家族を意味する言葉だ。

ペルーから帰った朝福さんの最期を看取ったのは、信子さんだった。信子さんは、在留手続きに迷うマリアさんを助けた理由をこう語った。

「おじいさんが亡くなるときにね、帳面を持って行ったら『のふこ、たのむ』って書いてあったの。何を頼むのかなって長いこと、ぜんぜんもう、意味もわからなかったんだけど。いろいろマリアの難問に遭ったときに、ああやっぱりおじいさんは（筆者注：ペルーの家族に）何かあったときに助けてちょうだいって、そういう意味だなって、あとでわかったわけ。だからそういうことだったんだねぇ」

遺言は「信子、頼む」。朝福さんは、ふたりの孫それぞれに互いの存在を伝えていたのだ。

到着した日の夜、マリアさんは、信子さんの営むスナックに足を運んだ。

三三年前、夫が抱えた借金を返済するために、信子さんが始めた店。あたたかみのある小さな空間には、夜な夜な地元の人たちが足を運ぶ。

開店する少し前、ふたりはカウンター席で静かに杯を交わした。マリアさんは持参したアルバムを手渡し、子どもたちの近況を日本語で一生懸命に説明した。

なごやかな時間が過ぎたあと、マリアさんは意を決した表情をして、信子さんに切り出した。

「ずっと気になってきたことを聞きたいのですが」

マリアさんには、確かめたいことがあった。沖縄の家族は、朝福さんがあとから築いた自分たちペルーの家族を恨んでいないのか。

「ペルーでほかに家族がいたと聞いたときは、どう思いましたか」

信子さんは、一瞬驚いたような間を持ったものの、すぐ笑顔を見せた。

「ああ、再婚したことでしょ。おじいが。そのこと？　そりゃうん。そんなに考えてないよ。どういう約束であっちにおじいが行ったのか、奥さんを呼び出すつもりか、私にはわからないわけよね」

ふたりとも手元を見るように目線を落とした。

マリアさんが「おじいさんはペルーの奥さんとは、（奥さんが）亡くなる直前に入籍したんです」と言うと、「ああ、結婚してなかったんだ。同棲みたいに、一緒に住んでるけど」と信子さん。日本の家族への配慮だろうか、朝福さんはペルーの妻とは長く事実婚だった。

少しの沈黙のあと、信子さんは言った。

「でもおじいさんはね、ペルーに行ったきり、沖縄の家族を見捨てたわけじゃないわけ。ちゃんと援助はして、お金は送ったみたいだから。それで私たち孫に洋服やシューズを送ったりしたから。おじいのこと、みんな誇りに思っているのよ。みんな、誰も悪く思ってないのよ」

「ペルーで家族を持つために、沖縄の家族を見放したわけではないのですね」

「大丈夫よ、みんなおじいさんのこと大好きよ。私も大好きよ。ありがとう。心配しなくていいよ」

移民一世として日本からペルーへ渡った祖父は、ふたりの妻を持ち、ふたつの家族を愛した。裏切りや失望の影は、今はどちらの家族にも残っていない。朝福さんの生き様は、当時幼い少女だった孫たちへ助け合う力を宿し、ふたりはそれぞれの人生の壁を乗り越えて、いま並んで座っている。

マリアさんは、安堵した表情でほほえむ。信子さんが「乾杯」と言って、ふたりはもう一度グラスを重ねた。

翌朝、マリアさんは朝福さんの墓を尋ねた。石造りの大きな琉球墓。マリアさんは花をたむけ、手を合わせてつぶやいた。

「来ましたよ。二四年ぶりね、おじいさんごめんね。くじけそうなとき、そばにいてくれると感じています。助けてくれてありがとう。大好きです」

この日は、年に一度の「清明祭《しーみーさい》」。一族が集まり、先祖の墓を守る神々に感謝する日だ。信子さんたちは、いなり寿司や煮物などの重箱料理を朝から用意していた。墓前にシートを広げ、親族で食事をしながら歌ったり話したりするのが沖縄のしきたりだ。

子が子を産み、大きくなった家族がマリアさんを迎え入れた。一歳の子どもを連れた若い女性が、マリアさんに近づいて話しかけた。

「言葉も通じないけれど、ときどき思い出してました。今日会えてよかった。また来てください」

マリアさんは、沖縄の親族の輪に入り、通訳を介すことなく、終始笑顔だった。

帰りに、マリアさんと私たちは海辺を歩いた。米軍関係者と思われる白人男性がジョギングをしているのにすれ違った。沖縄は、昔も今も外の国とのつながりが強いところだ。

しばらく海を眺めていたマリアさんは、穏やかな表情で言った。

「朝福おじいさんは海を渡ってペルーへ行き、海を渡って沖縄へ帰ってきました。ふたつの家族は海でつながっています。ここも、私《ミ》の家《カーサ》です」

「Mi《ミ》 Casa《カーサ》」は、スペイン語で「私の家」。「Ｃａｓａ」は、家そのものだけでなく、英語の「Home」のように、帰る場所や故郷と言ったニュアンスも含むという。マリアさんが、生まれたペルーやいま働いている静岡県磐田市だけでなく、祖父の出身地である沖縄を「Ｃａｓａ」と表現したことは、私に強い印象を残した。

故郷とは、なんだろうか。生まれた国だろうか。それとも育った場所か。

ふたつ以上の国で暮らす移民にとって故郷はどこなのか。それが気になって取材をしてきた。政策や法律が外国人に寛容でない場合、何を頼りにこの国に生きるのか。そのことを知りたくて。

渡った国で「果たしたい夢があること」も、ひとつの心の支えだろう。ジャパニーズドリームは、はじめは出稼ぎの目的でもあった。

そして、「ここも、私の家」というマリアさんの言葉のように、その国を「故郷と感じること」。これもまたきっと、居住地を決める立派な理由のひとつなのだ。

旅は短かった。翌日、静岡へ戻る飛行機に乗る前に、マリアさんは信子さんの家へ寄った。それぞれが別れのあいさつを交わすなか、信子さんの父・朝彦《チョウゲン》さんは横たわったままでマリアさんの手をとった。マリアさんは握り返した。言葉は、何もない。

「Ｃａｓａ」＝「家、故郷」。それは、両手を広げて出迎えてくれる人が待つところ。手のぬくもりを感じ合える人がいるところ。自分を受け入れてくれる人がいるところなのかもしれない。

団地には日本の「おじいちゃん」がいた

朝福さんの「朝」の字を受け継いだ、マリアさんの息子・朝彦《あさひこ》さん。朝彦さんにとっての「Ｃａｓａ」は、磐田市東新町団地だ。

ある日、朝彦さんは、ひとりの男性のことを教えてくれた。

団地の中庭を歩いていたときだ。手洗い場を指さして朝彦さんは言った。

「そこ、前は水出てたんですけど、夏はそこに、おじいちゃん、プール買ってきて」

朝彦さんはその男性のことを「おじいちゃん」と呼んだ。高齢の日本人で、独り暮らし。小学生だった朝彦さんやその友だちのために、中庭でビニールプールを用意してくれた。

「花火やろうって言ったり、ケンタッキーを持ってきたり。それでその辺に遊んでる子どもとかも、みんな集まってました」

その「おじいちゃん」は、朝彦さんと同じ棟に住んでいた。かわいがってもらった朝彦さんは中学生になると、階段をのぼる「おじいちゃん」の荷物を持ったり、入浴の手伝いをしたりするのが当たり前になっていたという。

「日本のおじいちゃんって感じですね。唯一、おじいちゃんが優しかったんで」

しかし、五年前。

「この辺で、ここの半分くらいで、ひとりで倒れちゃって。もうちょっと思うように動けなくなっちゃったので、老人ホーム行って」

脳梗塞を患い階段で転んで、老人ホームに運ばれて以来、「おじいちゃん」の部屋は空室になった。


「おじいちゃん」が移り住んだのは、隣の市の小さな介護施設だった。

朝彦さんは、仕事の休みに時間を作って施設に行っているというので、私たちも同行させてもらった。

朝彦さんは、施設で受付を済ますと、慣れた手つきで個室のドアを開いた。

「おぉ、おじいちゃん、久しぶり」

ベッドに腰掛けていた男性が、朝彦さんを見上げた。大きく表情は変えなかったが、目はうれしそうに光っていた。

こぢんまりとした個室に、ふたりは膝がふれあうほどの距離で向かい合った。

「お母さん、帰ってきたか。よかったなぁ」

「お母さんもおじいちゃんのこと聞いてたもんで。『元気か』って。会いたいって言ってたよ、おじいちゃんに」

「お母さん、また働きに行ってるのか」

「仕事？　仕事は内職とかやってるよ」

「朝彦の仕事は？」

「今はソーラーパネルを運ぶアルバイトしてる」

「おじいちゃん」は、細川洋《ほそかわひろし》さん。炭鉱で働いていたが、妻と離婚。幼い子どもとも離ればなれになり、仕事を転々としてたどりついた家が、東新町だった。

ふたりは、団地に暮らすほかの外国人の近況やテレビ番組の話など、他愛もない話をしていた。その後、細川さんは私に向かって朝彦さんの存在について言った。

「本当の子どものように思っていてね。これからも一生懸命がんばってもらいたいなぁと」

そばにいた朝彦さんは、「そうだね」と言って照れていた。

帰る間際、朝彦さんは細川さんを日光の下へ連れ出そうと散歩に誘った。

「どっか行きたい？　おじいちゃん。散歩、出られない？」

「うん行けるけど、足《ここ》がもう」

「大丈夫？　また今度にする？」

「早くねぇ、もうちょっと自由に動けるようにならんと」

事情を知らない人が見たら、介護施設に暮らす小柄なおじいさんと、キャップをかぶり南米系の顔をした大柄な若者の組み合わせは、違和感があるかもしれない。しかし、ふたりのあいだには、互いを思いやる優しい空気が流れていた。

朝彦さんが施設から立ち去るとき、いつもは個室から出ようとすらしないという細川さんが、動きづらい足を引きずりながら玄関先まで移動し、朝彦さんを見送っていた。

2　団地住民の本音

自治会活動での意外な一言

マリアさんにとっての沖縄。朝彦さんにとっての団地。それぞれ、自分を受け入れてくれる人がいる場所が「Ｃａｓａ」、つまり「故郷」であり「家」であった。血縁、国籍、会う頻度や時間にかかわらず、居場所は人との出会いで作ることができる。そんなシンプルな事実に気づかされた。

とはいえ、それは誰にでも簡単に見つかるものではない。そのことを感じたのは、団地の自治会活動に参加していた朝彦さんの友人の言葉を耳にしたときだった。

二〇一六年六月、仕事帰りの朝彦さんは団地の集会所に呼ばれていた。GREEN KIDSの仲間も一緒だった。待っていたのは、自治会の役員たちだ。南御厨《みくり》地区の自治会副会長で、長年まちづくりに携わってきた杉田友司《すぎたともじ》さんが、団地でおこなわれる防災訓練について相談を持ちかけた。

「会場にふたつのテントを張ろうと思ってる。そのテントを、なかなかこういうおじいちゃんだけじゃぇらい（筆者注：たいへん）だから、若い衆にお願いしたい。それから長いテーブルね。こういうものをお手伝いしてもらおうと思ってます」

朝彦さんたちは、ふたつ返事で了承した。予定を調整して、できるだけ多くのメンバーが当日の防災訓練に参加すると伝えた。

杉田さんが朝彦さんたちに声をかけるのは、これが初めてではなかった。前年の一二月には、団地の片隅で行われる朝市にGREEN KIDSを招待。朝市に訪れていた団地や近隣の住民数十名を前に、ミニライブを開催したのだ。高齢者や家族連れなど、普段接することがない人々も、しばしラップに耳を傾けた。朝彦さんたちにとって、「初めて給料をもらった仕事」だった。朝市のチラシは、今も大切に朝彦さんの部屋に飾ってあるという。

杉田さんたちと防災訓練の打ち合わせが終わり、おのおのが帰る準備をしていたとき、集会所の出口付近で、GREEN KIDSメンバーのアランさんと朝彦さんが話しているのが聞こえた。

アランさん「ブラジル人と日本人、一緒にしたい感じがね、うれしいね」
朝彦さん「そうだね」
アランさん「差別されない感じが」

直後、ほかのメンバーが集会所から出てきて合流し、「ありがとうございました」と声をそろえ、みな団地のそれぞれの棟へ散っていった。

私の耳には、「差別されない感じが」という一言が残っていた。彼らが自治会活動に参加する理由は、「差別されない感じがうれしいから」なのかと少し驚いた。裏を返せば、いかに日常的に「差別される感じ」を受けているかということだ。

後日、ざっくばらんに彼らに話を聞くと、みな心に小さな傷を抱えていた。

「ガイジン」と侮蔑され、学校に居場所を感じられなくなった時期があった。みなごく幼いときに来日したり、日本生まれだったりしたが、それでもだめだった。見た目が日本人と違うことはのけ者にされる理由になった。家庭内では母国語を使うため、外国人の子どもに対し別教室で特別に日本語指導をおこなう「取り出し授業」を受けても、授業にはついていけなくなった。

両親は不安定な職で働きづめだ。母国への仕送りは欠かせない。だから、電気やガスがとまることも少なくなかった。誰かひとりの家がそうなると、同胞のほかの家で暖をとったり食事をもらったりしてしのいだ。日本語のわからない親に頼れることは減っていき、次第に「自分が支えないと」という責任感と孤独を募らせていった。

外国籍の子どものなかには、学校になじみ、成績優秀で大学に進学し、社会に出て日本人としのぎをけずっている同世代も出始めている。だが、それはまだ少数派に限られている。単純作業の工場勤務、とび職、解体作業、配達員……さまざまな職場で、日本人従業員との処遇の差を突きつけられたり、顧客から「外国人はいやなので担当を変えてほしい」などと朝彦さんたちは言われたりしていた。

彼らが周囲の日本人と心を通わせられる瞬間は、そう多くはなかった。

関わりたい外国人、関わりたくない日本人——団地調査の結果から②

なかなか縮まらない日本人と外国人の心の距離。両者は互いをどう思って暮らしているのか。興味深い調査結果がある。

磐田市東新町団地は、若い外国人と高齢の日本人が身を寄せ合う場だ。日本人住民の年齢層は六〇代と七〇代が合わせて三五％、外国人は三〇代と四〇代で六一％を占めている。この団地で、前述の静岡文化芸術大学の池上さんらが一戸一戸を訪問した意識調査から、住民の心の内が明らかになった。

まず、調査では日本人と外国人の相互の付き合いについてたずねている（図6）。

「団地に住む日本人（外国人）との付き合いはどの程度ですか」という質問に対し、日本人も外国人も「あいさつ程度」のつきあいが五割台でもっとも多くなっていた。

意識のギャップも認められた。日本人の回答は、外国人との付き合いは「ない」と感じている人が二割程度いたが、外国人側は日本人との付き合いは「ない」と感じている人がわずか一・六％しかいない。「ときどき立ち話をしている」も、日本人側はおよそ一四％、外国人側は三五％近くと差が見られた。しかし、両者とも「一緒に何かしたり、相談したりする」ような深い関係があると認識している人は、ごくわずかに留まった。

この結果に、池上さんは「リーマン・ショック以前にできていた団地内での多文化共生の

図6 団地に住む外国人と日本人のつきあい

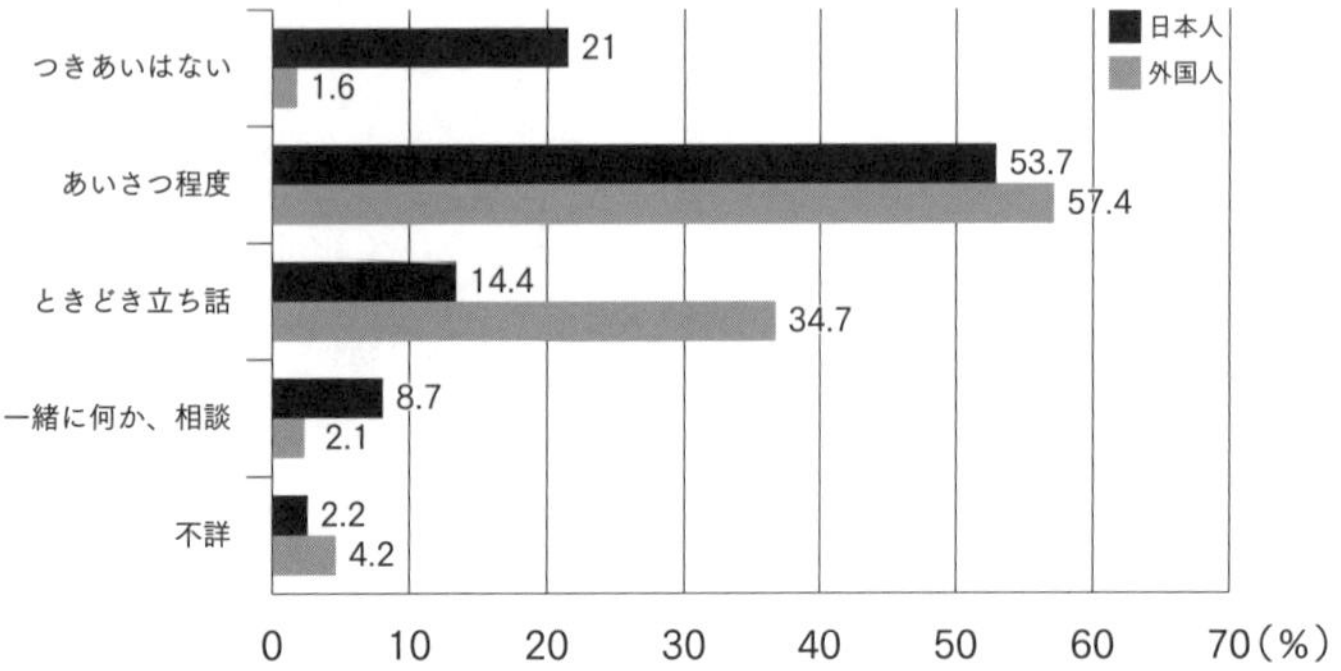

出典：磐田市東新町団地の生活状況をめぐる調査の報告書（静岡文化芸術大学）

関係（日本人と外国人が協働した活動等）が機能しなくなっている」と分析した。

次に調査で「日本人（外国人）との間に人間関係の壁を感じますか」と質問したところ、ここでも意識のギャップがあった（図7）。

両者ともに「あまり感じない」が四割を超えたものの、日本人では「とても強く感じる」「かなり感じる」が合わせて四八％と約半数が「壁」を感じていた。一方、外国人は両者を合わせても「壁」を感じている人は二一％と、日本人の半分以下だった。「まったく感じない」外国人も三五％を超え、日本人のほうが外国人に対して人間関係の壁を感じる傾向が強いことが浮き彫りになった。

さらに、今後の関係のあり方について「団地に住む日本人（外国人）と今後どのような

図7 団地に住む外国人と日本人との間の人間関係の壁

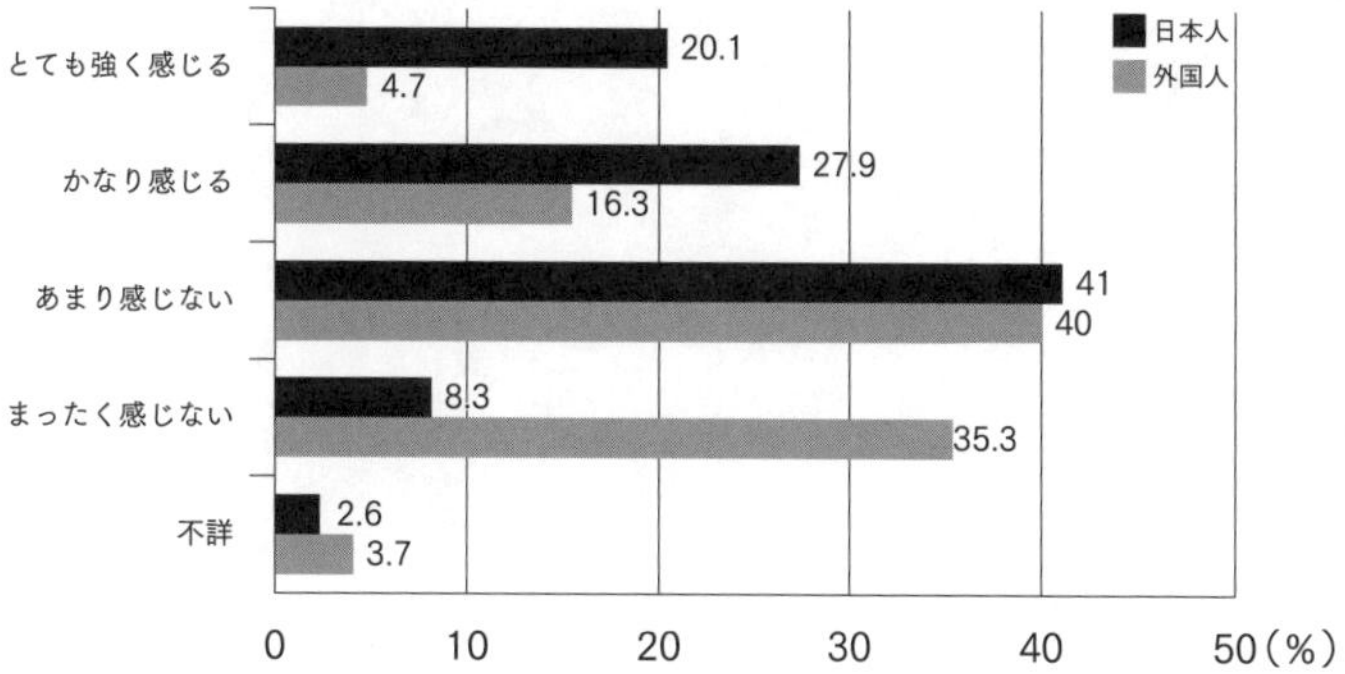

出典：磐田市東新町団地の生活状況をめぐる調査の報告書（静岡文化芸術大学）

関係を持ちたいですか」という質問がなされた。これについて、日本人では「なるべく関わりたくない」（四七・六％）がもっとも多い回答となり、はっきりと拒否感を示した「まったく関わりたくない」（一六・六％）と合わせると六四・二％に上った。一方で、外国人には「まったく関わりたくない」という回答はなく、「なるべく関わりたくない」も一四・二％と消極的姿勢を示す人は少数派だ。「少し関わりを持ってみたい」「もっと積極的に関わってみたい」を合わせると八割を超えた。

人間関係に壁を感じ、関わることに消極的な日本人。今後、もっと関わっていきたいと感じている外国人。この調査では、そうした構図が明らかになった。

池上さんはこの結果について、全国の地方都市で起きうる現象だと考えている。

「今回調査した団地だけが日本で特殊なのではなくて、どの町にもある公営住宅で、似たような課題が出てくる可能性はあるだろうと思います。

逆に言うと、たとえば東京のど真ん中で、もう日本人も外国人も若い世代も、生活形態がみんなバラバラであれば、隣が外国人だから、日本人だからってあんまり関係ないんです。ただ、そこにずっと長く住んで、比較的年代の高い日本人がいる公営住宅の場合であれば、やってきた外国人が自分たちと違う生活のサイクルで生きている。ちょっとコミュニケーションをはかろうにも、言葉の壁があってうまく通じない。日本人だと言葉で言わなくてもわかっていたことが、伝わってない。すると、それが文化の違いや〝摩擦〟と捉えられてしまう面があるんです。

こうした状況は、明らかに増えていくだろうと思います。定住型の外国人が増えていくなかで、家賃の安い公営住宅に外国人の家族が入っていくというのは、今後はあちこちで増えていくと思いますから」

朝彦さんと細川さんのように心を寄せ合う関係は、団地でもめったに起きることではないのが現実だ。外国人の側が普段実感している社会は、おそらくもっと冷たい。

朝彦さんの父ビクトルさんは言った。日本社会は、外部からは整然と手入れされているものの、けっしてなかを見せることのない家の垣根によく象徴されている、と。

「日本は好きです。ただ、私の国の陽気さと、この国の秩序と技術が分かち合えたらいいんですけど。道を歩いていても、家の垣根ですら閉鎖的に見えます。心の内側もこのように閉ざされている、そんな印象です」

3 それぞれのCasaを胸に

そんな日本人と外国人の疎遠ぶりを憂慮している人がいた。前述した自治会の、杉田友司さんだ。近年、特に日本人住民の高齢化が進み、外国人と日本人の付き合い方が難しくなっていると感じていた。

「あんたは外国人です、私ら日本人です、そんな考えじゃ生きていけないと僕は思うだよ。隣の人が外国人でおったならば、その人にもしなんかあったら、『おいちょっと（戸を）叩くから頼むぜ』というくらいの隣人愛というのか、隣組というのか、そういうのがほしいだよ。

必要なんだよ」

そんな思いで数年ぶりに再開したのが防災訓練だった。朝彦さんたちに協力を呼びかけたのも、日本人と外国人という〝垣根〟をはずし、住民同士の接点をより多く作りたいためだった。

「防災訓練がおこなわれますので、お知らせします」

二〇一六年七月、団地のまわりを消防車がゆっくりとまわっていた。なかには日系人の子どもが乗車し、訓練のアナウンスは日本語とポルトガル語でおこなわれた。

その呼びかけを機に、住民一五〇人が集まった。GREEN KIDSの仲間もそろい、テント張りや机運びなどの力仕事を率先してこなした。

「ありがとう」

「力強い。頼もしいねぇ」

働く朝彦さんたちに、何人かの高齢の日本人住民が声をかけていた。朝彦さんたちはまんざらでもないようだ。

GREEN KIDSは、冬になる頃にはプロも出演するライブに参加するようになっていた。

「絶対、行くところまで行くんですよ。親の思いもあるし、まわりの人もがんばれって言ってくれる人もいるので、自分がやりたいことに。自分がもうだめだなと言ったらもうだめなので」

「移民」の存在に正面から向き合わないままでいる日本。それでも、朝彦さんにとって、この国だけが自分を受け入れてくれる人がいる場所だ。

「ＯＫ、紹介するぜ。ＧＲＥＥＮ ＫＩＤＳ！」

小さなライブ会場に響くアナウンス。朝彦さんたちは暗い舞台袖から、スポットライトが照らすステージへ駆けだしていった。

♪　いつになれば夢に届くかな　限界決めるのは自分次第さ
あこがれ忘れず鳥肌たつ　感じるんじゃなくて逆　感じさせる
震え止まらず自分と闘う　でも文句なしのＫＩＤＳが輝く
これはずっと秘密で見てきた夢
馬鹿にしたやつも今　注目をくれ
めざすのはその上のまだまだ上
欲しいものだけつかむためのこの腕

沖縄の旅から帰ったマリアさんは、翌月から新しい仕事を始めた。水上バイクなどに使われる電機部品の組み立ての仕事だ。ミシンの内職より割がよく、工場の求人にみずから応募した。

「沖縄に行ったことでフル充電できましたし、たくさんパワーをもらいました。仕事をする活力にもなりました」

日本人の同僚たちと打ち解けようと、休憩時間にスマートフォンの写真を「美人に撮れた」と見せながら、同僚と雑談する姿も見られた。

同僚「これマリアさん？」

マリア「そう、でも違うね」

社長「ぜんぜん違うやんけ」

同僚「え〜！　若いとき？」

マリア「これはね、二年前。あはははは」

朝彦さんとマリアさんは仕事帰りに合流し、買い物をするためにスーパーへ立ち寄った。

「大きいのにしようね」

鮮魚コーナーでエビを厳選するマリアさんは、今夜も団地の一室でペルー料理に腕をふるう。マリアさんが日本の住人になって四半世紀。そのあいだ、東新町団地では多くの日系人が新たに住人になり、去っていった。マリアさんの家族は、迷いながら、「家」を探しながら、ここにたどりつき、留まった。

「あんたはどんどん大きくなって、私は反対に小さくなったわ」

朝彦さんにそう話すマリアさんは、買い物袋を手に提げ、田んぼのあぜ道を歩きながら笑った。


問題はまだ残っている。マリアさんが日本に居続けたら、ペルーに残した母の介護はどうするのか。自身をかえりみた場合、働けなくなった高齢の外国人が日本で十分な福祉を利用して余生を過ごせるとは言いきれない。朝彦さんも夢はまだ道半ば。安定した職には就けていない。

「日本へ来てよかった?」

朝彦さんが問うと、マリアさんは少し考えたあと、スペイン語で答えを返した。朝彦さんが、隣にいた私に通訳してくれた。

「自分が日本人みたいに感じるって」

あぜ道は、灰色にそびえ立つ団地に続く。ふたりの姿がほとんど見えなくなる寸前、親子がたがいの背中に手を回し、寄り添って歩くのが見えた。

第六章　難民・移民とともに

1　どのドアをどう開けるのか

第一章から三章では難民について、第四章・五章では移民について述べてきた。ふたつの家族には多くの壁が立ちはだかり、胸に秘めた強さが彼らを支えていた。

移民・難民を取り巻く諸問題の根源には、日本の外国人政策の姿勢そのものが共通して横たわっている。

それを考えるひとつの鍵が、「サイドドア」という言葉だ。

私が初めてその言葉を聞いたのは、前述の静岡文化芸術大学の池上教授からだった。

「外国から人を受け入れるときに『フロント』『サイド』『バック』というふうに、三つに分けて言うことがあります」

まず、「フロントドア」とは何か。日本政府が働いてもらうための資格を正面から出して、

「どうぞお越しください」と受け入れることだ。たとえば、中華料理のコックさんは「技能」という資格で働く。その人の持っている職能を日本の社会で十全に生かしてもらうために、在留資格を与える。

つぎに、「サイドドア」。日本政府が正式に、身分や地位に応じた資格で受け入れるものの、就労のためであるという名目を明確に出さない。たとえば、日系人がそれにあたるし、アルバイトをしている留学生の多くもサイドドアにあたる。

日系人の場合は、「あなたは日系人です。二世から四世まではオッケーです。日本のどこに住んでもいいし仕事に制限ありません」と受け入れている。でも、「あなたを労働者として受け入れますよ」とは正面から言っていない。

技能実習生も、日本政府は「働き手のひとりです」とは明確に言わないまま、農業や工業の現場で働いているという意味で、サイドドアに含まれる。

最後に「バックドア」。本来は日本で滞在することが認められていないにもかかわらず、実態として働いている人たちのことだ。たとえば、観光ビザで入ってきたら九〇日で日本から出なければならないが、出国せずに働いている人たち。いわゆる不法就労者が「バックドア」だ。

繰り返しになるが、日本は建前上、働くための外国人を受け入れていない。あくまで、

「血のつながりのある日系人」や「発展途上国への技術移転を通じた国際協力を目的とした技能実習生」、「日本で学ぶための留学生」などの看板を掲げ、就労も可能であるというあいまいな資格を与えただけ。しかし、来日した人々は当然、生計を立てるために働く。そして、多くの人手不足の企業が彼らを歓迎する。気づいてみれば、その人たちの存在なしには回らない社会ができあがっていた……。

前述の「偽装難民」と呼ばれるケースは、日本の移民問題と難民問題の交差点と言えよう（第一章）。働きたい外国人が日本にやってきたが、国の「フロントドア」は開いていない。抜け道として、難民申請の手続きを利用する。日本で働くことに必死な立場からみると、そこはわずかに開いた「サイドドア」だったのだ。

もしフロントドアが開いていたら、こうした人々が難民申請をして、本来保護されるべき人に混じるような状況にはならなかっただろう。サイド「しか」開いていないことが問題なのだ。

さらに、この「偽装難民」の問題について、難民審査参与員でもある阿部浩己《あべこうき》教授（明治学院大学）に意見を求めたところ、「経験上、そうした申請者は存在すると感じている」と述べた。そのうえで、来日する外国人に、移民性と難民性の重複があることを想定すべきだとし、彼ら個々人の行動を責める風潮があることを厳しく批判した。

「はっきり申し上げたいんですけども。『就労目的』と『難民としての保護を求める』ということは二律背反ではない。つまり、『難民として保護を求めること』と『働くこと』は、両立する場合があるんです」

就労目的のほうが大きかった場合、その人が日本に来たら難民として認定されないかもしれない。だが、働くために日本にやってくるということ自体が、そんなに悪いことなのか。彼らは、家族のために、子どものために、よりよい教育・よりよい生活を保障したいという思いで日本にやってくる。日本にはそうした人が働く場が設けられているのだから。

そうなると、問題はそうした人を受け入れる出入国管理政策となる。結論として、そうした人たちを偽装難民であるとか、難民申請手続きを濫用しているなどと指摘し、非難しても、まったく問題は解決されないと阿部さんは述べる。

通ったドアがサイドドアだったとしても、来日した外国人は日本での人間らしい生活を望むようになる。しかし、そのための制度が整っていないため、さまざまな面でひずみが生じてくる。

一例をあげれば、技能実習生は家族の帯同が認められていない。新しい家族を作ることは、想定されていないのだ。「結婚したら解雇された」とか「妊娠を告げると中絶を迫られた」など、監理団体や雇い主からの横暴に耐えざるを得ない人が少なくない。

八〇年代末に働き盛りの年代で来日した日系人は、間もなく高齢期に突入する。ところが、外国人向けの十分な介護サービスは、今の日本では充実していない。さらに文科省によると、不就学の外国籍の子どもは、およそ二万人に上る（二〇一九年九月時点）。

移民・難民の取材を通じて心に残っているのが、インタビューで交わされる言葉のなかに「人間」という言葉が何回も出てきたことだ。

難民認定されず、仮放免で暮らすウェラットさんは、あまりに違う境遇になってしまった同級生と自分を比較してつぶやいた。

「全部一緒になってほしかったね。同じ人間だから」

同じ教室で勉強した日本人の同級生たちが卒業後に社会で羽ばたく姿と、自分の境遇を比較してなげく。「同じ人間」なのに。

東新町団地に住んでいた日系ブラジル人の少女は、同級生に「ガイジン」と蔑《さげす》まれる悲しみを抱えながらも、こう述べた。

「私は外国人だけど、普通に、友だちみんな同じって感じ。たぶん『国』じゃなくて『人』だと思う」

彼ら彼女らがこうした言葉を口にしなければならないこと自体が、「人間」として大切にされていない証拠だと感じた。では、彼ら彼女らを大切にしていないのは誰か。それは日本政府であり、日本人の私たちだと言えよう。

外国人の受け入れが語られるとき、経済や人口の問題が主眼とされることが多い。しかし、移民であれ難民であれ、単にカウントされる「駒」ではなく生きている「人間」である。どのドアをどう開けるのか考える前提に、人権の保障があることを忘れてはならない。

2　他者と生きることは複雑なこと

人間同士というシンプルな関係が土台にあるべきだと思いつつも、他者と生きることがいかに複雑かということも、取材をしながら痛感している。

移民が社会に入ってくるということは、それぞれの背負っているものも持ち込まれるということだ。それは、食文化や生活習慣といった個人の生活にまつわることだけでなく、争いごとや信仰といった、まわりに大きく影響を与えるものもある。

二〇一五年一〇月二五日、クルド人のウェラットさんとその兄弟は、東京・原宿のトルコ大使館前で大けがを負っていた。当時の写真を見せてもらうと、ウェラットさんの顔はあざだらけで、兄のマズラムさんは鼻の骨を折る大けがだったという。

その日は、トルコ総選挙の在外投票の日だった。日本中に暮らすトルコ国籍保持者が投票に集まるなか、ウェラットさんいわく、「車にいたら、トルコ人に声をかけられて殴られ」て、気づけばトルコ系の人とクルド系の人のそれぞれ数十名が殴り合う乱闘騒ぎになった。

当時、トルコではクルド系政党が議席を伸ばし、与党が危機感を抱いていた。また、イスラム国への対応をめぐってクルド人の不満が高まっていたことなどから、両者の緊張関係は高まっていた。トルコ国内の争いごとの火種が、東京の真ん中で再燃したのである。このように本国での対立が、移民同士の対立となって他国に持ち込まれることもあるのだ。

争いごとだけではない。二〇二〇年の九月、大分県でイスラム教徒のための墓地建設に反対する陳情を、地元の住民たちが町へ提出したと報道された。

イスラム教徒は遺体を土葬する文化があるが、国内にはその風習・文化を受け入れる墓地がほとんどない。日本に滞在するイスラム教徒は増加しているため、宗教団体などが土地を購入して墓地建設を進めようとするものの、地域住民の理解を得られず、難航しているのである。「ため池の水質に影響があっては困る」という住民に、宗教団体が調査をおこない、影響はないと説明しても、不安は払拭されないという。こうした例は大分に限らず、栃木県足利市でも起きている。地域にとっては、宗教上の理由としては理解できても、「埋葬」は一時的なものではないため、自分たちの暮らしへの影響が不安になるのだろう。

移民が日本に訪れることによって、多くの日本人にはまったく当時者性のない事象（たとえば土葬）がみずからの生活圏に、ときにはそれが継続的にもたらされる。程度の差はあれ、そうしたことは避けられず、そこを度外視したうえで外国人を受け入れろといっても、机上の空論にならざるをえない。外国人を受け入れるのであれば、一人ひとりの人権を尊重するだけでなく、彼らが持ち込むものに地域社会がその都度、対応していくような許容力が必要だ。

日系ペルー人のマリアさんと朝彦さんを取材した番組は、タイトルを「わたしのＣａｓａ」とした。彼らのルーツを象徴するべく日本語とスペイン語を使い、彼らの生き様から「帰る場所」について考えさせられた私の思いをタイトルに込めた。

日本に生まれ育った世代であるウェラットさんやデニズくん、そして朝彦さんにとって、日本は「Ｃａｓａ」、すなわち「帰りたい場所」になっているだろうか。それを保証してくれる法律や制度、前例が作られていくことが望まれる。だが、それを待たずとも、誰かと出会い、日本社会のどこかに彼らが居場所を見つけられることを願ってやまない。

外国人が増えると犯罪が増加する。そう心配する声が聞かれるが、警視庁の統計によると、外国人による刑法犯の検挙件数は平成一八年（二〇〇六年）から減少傾向にある（二〇一九年版犯罪白書）。当たり前のことだが、犯罪を引き起こす契機となるものは、教育環境や貧困、職場の処遇、精神的な寄りどころのなさなどであり、けっして人種ではない。

いずれにしても、たとえ数年で帰国する予定の外国人であっても、日本がその人にとっての「Ｃａｓａ」になりうるような環境が必要だ。マクロの視点では、外国人に生活者としての人権を保障する政策を整備しなければならない。そして、文化や風習など、彼らが持ち込むものに地域レベルで対応する。さらにミクロの視点では、外国人と日本人のそれぞれが、一対一の関係を作る。このようなマクロとミクロの視点がそろって初めて、人種にかかわりのない、誰かの居場所が生まれる社会になると私は思う。

3 差別と無関心

前述のとおり、取材中に日本人の「差別」に直面することは少なくなかった。対面でも、番組に対するネット上の意見でも、明らかな嫌悪にふれることがあった。

一方で、もっと広く深く根付いているのは、外国人に対する「無関心」だとも感じた。統計に出てこない人々の存在感や、メディアが光を当ててこなかった人間の表情、聞こうとしてこなかった声は、社会からどんどん不可視化されていく。

今も、ある収容所のなかでは、難民申請者が途方に暮れている。ある団地では、日本に生まれ育っても「ガイジン」としか扱われない若者が歯を食いしばっている。ある地域では、同胞が集まって祭りを開催している。このように、彼らの毎日には苦しみもあれば喜びもある。しかし、多くの日本の人々は、そうしたよくわからない相手を知ろうとしないまま、複雑な環境に置かれた他者の姿を目前に、素通りしていく。

前述の移民研究者・梶田孝道さんは、共著書のなかで、日系人ら外国人労働者が「そこに存在しつつも、社会生活を欠いているがゆえに地域社会から認知されない存在」となり、顔が見えなくなっていると指摘した(『顔の見えない定住化』)。

こうした現象は、「長時間労働」と「請負労働力化」が複雑に絡み合って進行する。外国人は朝早く出勤し、残業もおこなう「長時間労働」で日本人の地域住民との接点をなくす。また、多くが請負業者に間接雇用されているため、工場の配置換えなどで地域の日本人が知らぬ間に寮や団地を移る。このふたつの理由で、日本人が外国人のことをよく知る機会がなくなってしまっているというのだ。

先に紹介した団地調査の結果のように、同じ地域に暮らす日本人と外国人の意識に差がある場合は、なおさらだ。労働条件や環境に加えて、「積極的に関わりたくない」という心的距離が、ますます相手の不可視化を進めていく。

人種や性的マイノリティ、移民・難民などの問題に向き合うドイツのジャーナリスト、カロリン・エムケは、著書『憎しみに抗って――不純なものへの讃歌』(浅井晶子訳、みすず書房)でこうした不可視化の現象とその暴力性について説いている。

他者から見られないこと、認識されないこと、不可視の存在であることは、最も深刻な蔑視の形である。不可視の者、社会に認識されない者は、「我々」の一部ではない。彼らが言葉を発しても誰も聞かず、動いても誰も見ない。不可視の人間には感情も欲求も権利もないとみなされる。

日本に滞在する外国人が、労働者や難民申請者であるだけでなく、生活者であることを軽視されがちなのは、この不可視性にあると思う。「見えない」どころか、コンビニのレジで日常的にふれあっていても関心を寄せない。つまり、外国人は「(あえて)見ない」対象になっていないだろうか。

そうした実情を乗り越えるためには、まずは「見る」、つまり外国人と直《じか》に接したり声を聞いたりして、思いを寄せることが大切であろう。それが難しければ、かたよりのない情報を仕入れ、彼らのことを想像する。

エムケは、憎しみの生まれる前段にあるのが「想像力の枯渇」と述べる。「想像力が弱まれば共感力も弱まる」からだ。

また、差別をしているのではないから問題ない、と考えるのは安直すぎる。エムケは、沈黙もまた、罪深いことを示す。


行動を起こさない者たちもまた、憎しみを可能にし、育むのに手を貸していることになる。自分自身は行動しないが、他者の行動に理解を示し、それを許す者たちだ。


日本の外国人政策が永らくその姿勢を変えてこなかったこと。外国人収容所が世界から勧告を受けても無期限収容をやめないこと。いずれも国内で政策の妥当性を問う議論が高まらなかったからこそ、なかば放置されてきたのだとも言える。

大それた「行動」でなくともいい。現実に日本に滞在している外国人のことを、まずは知ることと、そして思いを寄せることから始めたい。

　エムケは、著書の最後にこう綴る。

> すべての人間は同じではないが、同じ価値を持つ――それを信じるのみならず、はっきりと表明すること――圧力や憎しみに抗って、常に主張し続けることだ。それによって、この真理が少しずつでも、単なる詩的な想像ではなく、現実のものとなっていくように。

　私が制作したクルド難民の番組（「バリバイ一家の願い」）が放送された翌日、ある女性がバリバイ一家の元を尋ねてきたという。近所に住むその日本人女性はヌリエさんを抱擁し、「これまでぜんぜん知らなくてごめんなさい」と言った。

　そのことを私に伝えたときのヌリエさんとウェラットさんの表情を、私は忘れられない。取材中には見たことがないほどの、穏やかな目。彼女たちの人生を思えば、これまでも、これからも、私にできることはほとんどないに等しい。だが、その目を見たときだけは、「取材をしてよかったかもしれない」と思えた。

　難民も移民も、多くの日本人にしてみれば、あまりに複雑な他者だ。歩んできた道のり、国のルール、置かれている境遇……。それらを把握することからしてハードルが高い。

それでも、そうした複雑な他者を、端的なイメージに収斂《しゅうれん》させることなく、複雑なまま対峙することでしか、多様な社会は実現しない。

そのことを、あきらめないでいたいと思う。そして、複雑だからこそ豊かな人間の姿を、微力ながらテレビの画面を通して視聴者に伝えていきたい。

おわりに

番組放送から二年。世界がこんなにも変わるとは思ってもいなかった。

二〇一九年の暮れに突如出現した新型コロナウイルスが猛威を振るい続ける。ワクチン接種が始まりつつあるものの、先は誰にも読めない。

コロナ・ショックがあって、移民・難民もこれまでとは違うフェーズに入るだろう。国境を越えて移動する者はどんな変異株ウイルスを持つ〝媒介者〟か知れず、入国管理はますます厳しくなるかもしれない。

ふたつの家族はどうしているかと思い、私は久しく連絡をとっていなかったマリアさんやウェラットさんに電話をかけた。

コロナが日本で感染拡大する直前、母の介護のためペルーに渡っていたマリアさんは、入国制限で帰国できなくなり、予定より半年近く遅れて団地へ戻った。前職は失った。経済が停滞する今、五〇代であり、日本語の十分でない外国人女性の身で仕事探しをしなければならなくなった。

クルド人のバリバイ家は、解体業の仕事が三割以上減り、生活がますます厳しくなった。

他社の仕事を手伝うなどしてなんとか日銭を稼いでいるというが、それだってどうなることか。入管施設では陽性者が出たことなどから仮放免許可が進んだ。感染対策が進められ、ウェラットさんは「更新が郵送になったのはコロナでよかったこと」と冗談めかした。仮放免の増加で長期収容者は減少しているが、本質的な問題の解決には至っていない。「退去強制拒否罪（仮）」にまつわる法改正は現実味を帯びてきた。

親族や友人と集うことで、日本に生きることを確かめ合ってきた彼ら彼女らの姿が思い起こされる。どこまで「密」を避けられるだろうかと、遠くから身を案じている。

コロナなんて影も形もなかった三年前、私はジェンダーの取材をしていて、北欧・アイスランドを訪れた。アイスランドはジェンダー平等世界一の国。かつては男尊女卑の文化もあった国がどうして変化できたのか、その秘訣を探ろうと街ゆく人に意見を求めると、意外な答えが返ってきた。

「移民や難民を受け入れて、新しい価値観が入ってきたからじゃないかな」

外国から移り住んできた人に、在留資格を与えるだけでなく、社会で生きるひとりとして意見を尊重し、ともに社会を作っていく。日本にもそういう日がくるといいなと思う。

私事になるが、おととし秋に子どもを出産した。ひとつの生命体が、産声をあげ、みずからの意志を持ち、立ちあがって一歩を踏み出していく。その時間と空気にどっぷりと浸かっていると、ウェラットさんがインタビューで言った「同じ人間だから」という言葉がまた新たな響きをともなって聞こえてくる。環境も遺伝子もかけ離れていたとしても、生まれたばかりの人間が生きていくのに必要なことは大して変わらない。人が平等であることは、理想（ゴール）ではなく、すでにある事実（出発点）だ。世界が大きく変わり、より排他的な空気が蔓延しつつある今、この実感を改めて胸に留めたい。

番組を放送し書籍化の実現に至ることができた今、力を貸してくださったすべての方にこの場をお借りして感謝申し上げます。

長期の取材を受け入れてくださったマリアさんや朝彦さんたち、顔や名前を出すリスクを抱えてカメラの前に立ってくださったバリバイ一家。突然の連絡や資料提供、私の執拗なインタビューに応じてくださったたくさんの方々。後に、沖縄の和宇慶朝彦《わうけちょうげん》さんと、団地の細川洋さんはご逝去されたと伺いました。ご冥福をお祈りします。

そして、ふたつの番組のロケクルーと編集マン。ひとりでは絶対に走りきれませんでした。リサーチャー、ドライバー、音響効果、映像加工など、番組完成を支えてくださったたくさんのスタッフ。

また本書の出版にあたり、育児をしながらの執筆を気長に待ってくださった論創社の谷川茂さん。出版を許可し相談にのってくださったプロデューサーの塩田純さん、熊田佳代子さん、星野真澄さん。執筆時間の捻出に協力してくれた家族。
本当にありがとうございました。

二〇二一年三月

NHK制作局第三制作ユニット　ディレクター　乾　英理子

NHK　ETV特集「バリバイ一家の願い　〜〝クルド難民〟家族の12年〜」

本放送	2019年6月22日
資料提供	日本クルド文化協会　日本クルド友好協会 並木宜史　ロイター
語　り	柴田祐規子
撮　影	日昔吉邦
音　声	鈴木優介　城 賢一郎
映像技術	正岡卓哉
音響効果	細見浩三
リサーチ	ト部弥生
編　集	鈴木信夫
ディレクター	乾 英理子
制作統括	熊田佳代子　塩田 純

NHK　ETV特集「わたしのCasa　〝日系南米人〟団地物語」

本放送	2016年11月16日
資料提供	県営住宅磐田団地自治会　静岡文化芸術大学 静岡県 日本経済新聞社　読売新聞社 うるま市立中央図書館 JICA横浜 海外移住資料館　APJペルー日系人協会
取材協力	山城ロベルト
語　り	國村 隼
撮　影	濵地修市
音　声	久保田良祐　渡邊 賢
映像技術	齋藤直樹
音響効果	田中繁良
リサーチ	杠 将　宮平真吉
編　集	岡田圭市
ディレクター	乾 英理子
制作統括	鶴谷邦顕　吉田 純

乾 英理子（いぬい・えりこ）

1988年、奈良県生まれ。京都大学総合人間学部卒業後、2011年にディレクター職でNHK入局。静岡放送局、文化・福祉番組部を経て、現在制作局第3制作ユニット（福祉）所属。ジェンダーや外国人などをテーマに「ハートネットTV」「ETV特集」を制作。「バリバイ一家の願い～〝クルド難民〟家族の12年～」（2019年）は、ギャラクシー賞奨励賞、貧困ジャーナリズム賞を受賞。

論創ノンフィクション011
クルドの夢　ペルーの家
――日本で暮らす難民・移民と入管制度

2021年5月1日　初版第1刷発行

編著者　乾 英理子
発行者　森下紀夫
発行所　論創社
東京都千代田区神田神保町2-23　北井ビル
電話　03（3264）5254　振替口座　00160-1-155266

カバーデザイン　奥定泰之
組版・本文デザイン　アジュール
校正　小山妙子
印刷・製本　精文堂印刷株式会社
編　集　谷川 茂

ISBN 978-4-8460-2022-4 C0036